GUIDE MANUAL FOR

SCIENTIFIC GREENING OF

EXPRESSWAY IN GUANGDONG PROVINCE

广东省高速公路科学绿化指导手册

乔　翔　余长春　陈振雄　主编

人民交通出版社股份有限公司

北　京

内 容 提 要

为进一步提高广东省高速公路科学绿化的管理、设计及施工技术水平，提升工程质量，在现行标准规范的基础上，编写组总结项目经验，规范管理、设计、施工、养护工作流程及验收评价标准，优化工艺，严格管理，制定本高速公路科学绿化指导手册，为营造绿色高速公路提供技术支撑，使高速公路绿化成为展现广东省区域形象和生态文明建设成果的窗口。

本手册适合广东省高速公路绿化工程建设和养护管理的业主、勘察、设计、监理、施工、咨询等单位的管理和技术人员使用，也可供对高速公路科学绿化感兴趣的研究人员及交通运输行业从业人员阅读参考。

图书在版编目（CIP）数据

广东省高速公路科学绿化指导手册 / 乔翔，余长春，陈振雄主编．— 北京：人民交通出版社股份有限公司，2023.3

ISBN 978-7-114-18646-2

Ⅰ．①广… Ⅱ．①乔… ②余… ③陈… Ⅲ．①高速公路—道路绿化—广东—手册 Ⅳ．① U418.9-62

中国国家版本馆 CIP 数据核字（2023）第 033307 号

Guangdong Sheng Gaosu Gonglu Kexue Lühua Zhidao Shouce

书　　名：广东省高速公路科学绿化指导手册
著 作 者：乔　翔　余长春　陈振雄
责任编辑：郭晓旭
责任校对：赵媛媛
责任印制：张　凯
出版发行：人民交通出版社股份有限公司
地　　址：（100011）北京市朝阳区安定门外外馆斜街3号
网　　址：http://www.ccpcl.com.cn
销售电话：（010）59757973
总 经 销：人民交通出版社股份有限公司发行部
经　　销：各地新华书店
印　　刷：北京交通印务有限公司
开　　本：889 × 1194　1/16
印　　张：14
字　　数：264千
版　　次：2023年 3月　第 1 版
印　　次：2023年 3月　第 1 次印刷
书　　号：ISBN 978-7-114-18646-2
定　　价：88.00元
（有印刷、装订质量问题的图书，由本公司负责调换）

《广东省高速公路科学绿化指导手册》
编 写 组

主　　编： 乔　翔　余长春　陈振雄

参编人员： 王安怀　黄　灿　曾振宇　李怿中
陈沃浩　李　斌　李冰儿　吴俊强
刘奕辉　李湘知　苏开君　李永成
陈一虎　林　婷　王丽群　古旋全

INTRODUCTION 序　言

这是最好的时代——科技进步日月新，辉煌基建七十年。

伴随着我国经济高速发展的同时，也产生了一系列新的问题——生态破坏和环境污染，发展与环境之间的矛盾已日益尖锐。

绿色转型，中国担当。我国持续关注人与自然的关系，着眼不同历史时期的发展变化，从“协调发展”到“可持续发展”，从“科学发展观”到“绿色发展理念”，“两山”理念、“科学绿化”“双碳”战略等一系列理论的提出，将生态文明建设的地位提升到新的历史高度。广东省作为改革开放的排头兵，高速公路建设飞速发展，同时也见证着我国人地关系演变的历程。本人也切身体会到生态文明建设与公路交通的逐步和谐发展，阅读过本书后感触颇深，很高兴能为本书作序。

首先，本书区别于现有的诸多高速公路绿化设计与施工的规范与指南，这是一本立足生态文明、美丽中国大背景下的高速公路科学绿化指导手册，填补了其他相关手册的空白，能规范与指导科学绿化理念在高速公路建设管理、设计、施工、验收、养护上的具体实施。书籍以项目建设流程各环节为大纲，清晰直观，便于查找；章节内容言简意赅，注重针对性、指导性和可操作性；此外附录中的高速公路常用植物推荐列表合理实用，除详细描述了习性特点外，更具有常见病虫害及其防治方法、植物固碳能力参考等内容，图文并茂，即查即用。

其次，这是一本贯穿高速公路绿化项目建设全流程的指导手册，包含建设准备阶段、设计阶段、施工阶段、竣工验收阶段等，对各方职责、流程以及细节要点做了较为全面的指引，参与项目各阶段建设的相关人员都能找到相关的参考内容，有益于各方更好地进行科学协作。

最后，这是一本荟萃了丰富建设经验的书，本书根据多个高速公路绿化项目建设过程中常见的重点与难点，以及项目运维多年后的常见问题进行总结整理，对于高速公路建设管理及行业的“新兵”来说是十分珍贵的经验，对身经百战的“老将”们亦是很好的学习交流素材。由衷希望大家能在阅读的基础上结合实际项目的思考，进一步促进项目品质提升和技术创新。

不负青山，不忘初心，推进科学绿化实施，为广东省高速公路发展与建设提供生态安全保障，以交通人的身份守护祖国大地绿色版图，砥砺前行，诸君共勉！

广东省交通集团有限公司党委委员、副总经理

2022年12月

FOREWORD 前　言

生态安全是国家安全的重要组成部分，直接关系着国家经济社会的可持续发展能力和国际竞争能力，是具有战略性的重大问题。高速公路是国家重要的基础设施，但建设时又不可避免地对沿线的生态环境造成影响，通过科学绿化进行生态环境的保护修复是高速公路建设不可或缺的环节，是维护生态安全的重要措施。党的十八大以来，以习近平同志为核心的党中央站在战略和全局的高度，对生态文明建设和生态环境保护提出了一系列新思想新要求，为努力建设中国特色社会主义生态文明新时代指明了前进方向和实现路径。2020年9月，习近平总书记在第75届联合国大会上提出“二氧化碳排放力争于2030年前达到峰值，努力争取2060年前实现碳中和”[1]。2021年3月，碳达峰、碳中和被首次写入政府工作报告。2021年6月，国务院印发《关于科学绿化的指导意见》（以下简称《意见》），指导各地科学推进国土绿化，《意见》以习近平新时代中国特色社会主义思想为指导，深入贯彻习近平生态文明思想，践行绿水青山就是金山银山的理念，尊重自然、顺应自然、保护自然，统筹山水林田湖草沙系统治理，走科学、生态、节俭的绿化发展之路；科学开展大规模国土绿化行动，增强生态系统功能和生态产品供给能力，提升生态系统碳汇增量，推动生态环境根本好转，为建设美丽中国提供良好生态保障。

改革开放至今，广东省内高速公路建设取得了长足的发展，但同时也对周边生态环境带来了一定的负面影响。如何处理好建设与生态平衡之间的关系，实现可持续发展，

[1] 出自《人民日报》（2020 年 09 月 23 日 03 版）。

是一个十分重要且紧迫的问题，构建自然、生态、和谐的高速公路绿化体系已成为高速公路建设的重要内容。

为进一步提高广东省高速公路科学绿化的管理、设计及施工技术水平，提高设计与施工质量，在现行规范标准的基础上，分析总结现有项目经验，规范管理、设计、施工、养护工作流程及验收评价标准，制定本指导手册，为恢复生态环境、营造绿色高速提供技术支撑，使高速公路绿化成为展现广东省区域形象和生态文明建设成果的窗口。

本指导手册由广东省南粤交通投资建设有限公司与广东如春生态集团有限公司共同成立编写组，采取管理、设计与施工合作的模式开展研究，将多年来经验和技术进行总结整理。本指导手册共包含总则、术语和定义、总体要求、高速公路绿化管理、高速公路绿化规划设计、高速公路绿化施工、高速公路绿化验收、高速公路运营期绿化养护、高速公路绿化实施结果评价9章以及相关附录。

本书在编写过程中，得到了广东省南粤交通投资建设有限公司旗下诸多项目公司的大力支持和协助，在此表示感谢。同时感谢所有为本书提供帮助的有关领导、专家和其他专业人员！

由于高速公路科学绿化研究范围广泛、专业交叉众多，编写组水平有限，书中难免存在不足之处，敬请广大读者批评指正，以提高广东省高速公路科学绿化水平，共同谱写美丽中国新篇章。

《广东省高速公路科学绿化指导手册》编写组

2022年12月于广州

CONTENTS 目　录

第1章 总则

1.1 目的

为进一步促进科学绿化理论在高速公路建设全过程的应用，指导绿化工程设计、施工及养护工作，规范管理流程及验收评价标准，提高高速公路绿化建设质量，提升路域景观形象和服务能力，构建自然、生态、和谐的高速公路绿化体系，特制定本指导手册。

1.2 适用范围

本指导手册适用于广东省南粤交通投资建设有限公司建设的高速公路绿化工程项目全过程（包括规划设计、施工、养护、验收、管理运营等）的相关工作，广东省内其他高速公路可参考实施。

1.3 编制依据

1.3.1 《中华人民共和国宪法修正案》《中华人民共和国环境保护法》《环境影响评价法》等法律法规。

1.3.2 下列文件对于本文件的应用是必不可少的。凡是注日期的引用文件，仅所注日期的版本适用于本文件。凡是不注日期的引用文件，其最新版本（包括所有的修改单）适用于本文件。

（1）《园林绿化工程项目规范》（GB 55014—2021）；

（2）《公路环境保护设计规范》（JTG B04—2010）；

（3）《城市道路绿化规划与设计规范》（CJJ 75—97）；

（4）《公路工程质量检验评定标准　第一册　土建工程》（JTG F80/1—2017）；

（5）《交通运输环境保护术语　第1部分：公路》（JT/T 6431—2016）；

（6）《公路绿化术语》（JT/T 644—2005）；

（7）《公路养护技术规范》（JTG H10—2009）；

（8）《园林绿化工程施工及验收规范》（CJJ/T 82—2012）；

（9）《陆生野生动物廊道设计技术规程标准》（LY/T 2016—2012 ）；

（10）《园林绿化木本苗》（CJ/T 24—2018）；

（11）《国务院办公厅关于科学绿化的指导意见》（国办发〔2021〕19号）；

（12）《国务院关于印发2030年前碳达峰行动方案的通知》（国发〔2021〕23号）；

（13）《中共中央关于制定国民经济和社会发展第十四个五年规划和二〇三五年远景目标的建议》（2020年10月29日中国共产党第十九届中央委员会第五次全体会议通过）；

（14）《住房城乡建设部印发〈园林绿化工程建设管理规定〉的通知》（建城〔2017〕251号）；

（15）《广东省人民政府办公厅关于科学绿化的实施意见》（粤府办〔2021〕48号）；

（16）《广东省林业局关于印发〈广东省主要乡土树种名录〉的通知》（2021年2月）。

第 2 章

术语和定义

下列术语和定义适用于本指导手册。

2.0.1 表土 surface soil

地层表面富含有机质和微生物的表层土。

2.0.2 微地形 micro-topography

在一定范围内，人为按照自然地貌和起伏变化地势而构造的地形。

2.0.3 碳汇 carbon sink

吸收并储存二氧化碳的能力。

2.0.4 乡土植物 indigenous tree species

在自然分布范围以内的当地土生土长的原产植物。

2.0.5 先锋植物 pioneer plant

在裸地上最先生长起来的植物，能加速岩石风化及土壤形成，为其他植物生存打下初步基础。

2.0.6 古树名木 historical tree and famous wood species

古树泛指树龄在百年以上的树木；名木泛指珍贵、稀有或具有历史意义、科学文化研究价值以及有重要纪念意义的树木，也指历史和现代名人种植的树木，或具有历史事件、传说及神话故事的树木。

2.0.7 路侧绿化带 road side green belt

公路填方路段边坡坡脚至用地界，挖方路段上方开挖线至用地界之间的可绿化用地。路侧绿化带包括护坡道绿带、边沟外侧与隔离栅内侧之间绿带。

2.0.8 中央分隔绿化带 median separator green belt

行车道之间可以绿化的分隔带，位于对向行驶机动车道之间的为中央分隔绿化带，或位于机动车道与非机动车道之间，以及同方向机动车道之间的为两侧分车绿化带。

2.0.9 互通立交绿地 interchange green area

互通式立体交叉干道与匝道围合的绿化用地。

2.0.10 边坡绿地 side slope green area

为保证路基和边坡稳定，在上下边坡采用植物防护措施的绿化用地。

2.0.11 客土喷播 soil seeding

一种喷播绿化方法，喷播材料中包含土壤。喷播后的混合物在土壤表面形成一层类似自然表土的结构，既能防止冲刷，又能为植物提供生长的基础，可在岩石边坡、贫瘠土壤等立地条件很差的地段建立良好的植被。

2.0.12 植生袋法 sack-planting procedure

将植物种子混合在肥土中，装填在可以自降解的网袋里形成植生袋，再将植生袋按照带状或水平状，铺设在绿化场地上从而形成植被的施工工艺。

2.0.13 种植土 planting soil

理化性状良好，适宜于园林植物生长的土壤。

2.0.14 胸径 diameter at breast height

乔木主干离地表面 1.3m处的直径，使用胸径尺进行测量。

2.0.15 基径 ground diameter

苗木主干离地 0.1m处的基部直径，适用于干高在0.5~1.2m的小乔木和单干型灌木，使用胸径尺进行测量。

2.0.16 冠幅 crown width

乔木冠部投影最大与最小直径的平均值。

2.0.17 苗高 seedling height

植株从地表到植株自然状态下最高点的垂直高度。

2.0.18 枝下高 branch height

乔木从地表面到树冠的最下分枝点的高度。

2.0.19 裸干高 height of trunk

棕榈科植株从地表到最低叶鞘以下裸干的高度。

2.0.20 截干苗 truncated stem seedlings

树冠砍掉，只留主干的苗木。

2.0.21 全冠苗 full crown seedlings

也叫原冠苗，苗冠完整、丰满，未出现缺枝。

2.0.22 裸根苗木 bare root seedlings

挖掘时根部不带土或仅带护心土的苗木。

2.0.23 容器苗 seedling in container

自繁育开始直至培育成大苗的过程都是在容器中进行的苗木。

2.0.24 假植苗 temporary planting seedlings

指经过断根处理或者断根移植过的苗木，包括容器苗。

2.0.25 地苗 native seedlings

指直接生长在地里未曾断过根的苗木。

2.0.26 种植成活率 ratio of living tree

种植植物的成活数占种植植物总数的百分比。

2.0.27 绿化覆盖率 percentage of greenery coverage

在一定绿化用地范围内，植物的垂直投影面积占该用地总面积的百分比。

第3章 总体要求

3.1 指导思想

3.1.1 以习近平生态文明思想为指导

党的十八大以来，以习近平同志为核心的党中央从中华民族永续发展的高度出发，深刻把握生态文明建设在新时代中国特色社会主义事业中的重要地位和战略意义，大力推动生态文明理论创新、实践创新、制度创新，创造性提出一系列新理念新思想新战略，形成了习近平生态文明思想。习近平生态文明思想集中体现为“生态兴则文明兴”的深邃历史观、“人与自然和谐共生”的科学自然观、“绿水青山就是金山银山”的绿色发展观、“良好生态环境是最普惠的民生福祉”的基本民生观、“山水林田湖草是生命共同体”的整体系统观、“实行最严格生态环境保护制度”的严密法治观、“共同建设美丽中国”的全民行动观、“共谋全球生态文明建设之路”的共赢全球观[1]。

3.1.2 以“碳达峰 碳中和”理论为依据

我国力争2030年前实现碳达峰、2060年前实现碳中和。2021年9月22日，《中共中央　国务院关于完整准确全面贯彻新发展理念做好碳达峰碳中和工作的意见》印发，明确了我国实现碳达峰碳中和的时间表、路线图；2021年10月24日，国务院印发《2030年前碳达峰行动方案》（国发〔2021〕23号），聚焦2030年前碳达峰目标描绘路线图。

---

[1] 以习近平文明思想为指导　坚决打好打胜污染防治功坚战。《求是》（2018 年第 12 期）。

3.1.3 以国土空间生态修复为重点

2020年9月，自然资源部办公厅、财政部办公厅、生态环境部办公厅联合印发《山水林田湖草生态保护修复工程指南（试行）》，全面指导和规范各地山水林田湖草生态保护修复工程（以下简称“山水工程”）实施，推动山水林田湖草一体化保护和修复；同年同月印发《关于开展省级国土空间生态修复规划编制工作的通知》（自然资办发〔2020〕45号），依法履行统一行使所有国土空间生态保护修复职责，统筹和科学推进山水林田湖草一体化保护修复。

3.1.4 以生物多样性保护为核心

生物多样性是生物及其与环境形成的生态复合体以及与此相关的各种生态过程的总和，由遗传（基因）多样性、物种多样性和生态系统多样性三个层次组成。生物多样性是维持生态平衡、促进人与自然和谐发展的重要成分，保护生物多样性，对于人类经济和未来的发展都是极其有利的。

3.2 基本原则

3.2.1 安全第一、全面规划

高速公路绿化工程首先应满足高速公路安全通行要求，留出足够的安全距离，保证视野良好开阔，在此基础上通过综合科学的规划改善行车环境；注重全局规划，合理布局绿化空间，综合考虑周边资源及建设规划，与相关部门及机构统筹推进山水林田湖草沙一体化保护和修复，拓展高速公路相关功能，以全局及长远眼光管理项目建设。

3.2.2 保护优先、因地制宜

以保护环境为前提，减少生态破坏，尽量保留原生环境，人工修复与自然恢复相结合，遵循生态系统内在规律开展林草植被建设，着力提高生态系统自我修复能力和稳定性；依据场地自然生境条件，选择合适的树种及合理的乔灌草搭配，宜乔则乔、宜灌则灌、宜草则草，构建健康稳定的生态系统。

3.2.3 注重节约、经济务实

统筹考虑生态合理性和经济可行性，数量和质量并重，推广抗逆性强、养护成本低的植物，原生树木及表土再利用，做到资源节约与循环利用相结合、节能减排与保护环境相融合。

3.2.4　地域人文、特色营造

提炼周边自然旅游资源及人文历史资源，在道路全域设计中加以体现。植物多采用乡土树种，同时注意保护古树、大树、名树，保留特色地域风貌。结合每个项目特点及难点，打造项目自身特点。

第4章

高速公路绿化管理

4.1 建设管理

高速公路绿化管理的目标是保证高速公路绿化建设工作程序合理、规范严谨、科学高效，服从高速公路整体项目建设管理目标。高速公路绿化管理的内容及其具体职能，既涉及施工管理方面，也涉及经营管理方面。按照项目流程主要包含立项阶段管理、设计管理、施工管理、养护管理以及验收管理五个方面。

高速公路绿化管理组织架构由业主、设计、监理、施工四方组成，业主方主导绿化工程建设管理工作，设计方提供绿化设计方案和施工图纸，监理方对进度、质量、安全进行监督，施工方根据施工图及相关规范组织工、料、机完成施工。

4.1.1 立项阶段管理

高速公路绿化工程不单独项目立项，但作为高速公路项目的组成部分，在公路项目立项投资估算编制时，应根据拟定的绿化工程面积和建设规模标准充分考虑绿化工程建安费用。公路绿化工程建设管理工作指引见表4-1。

公路绿化工程建设管理工作指引　　表4-1

公路建设项目建设程序	公路建设项目建设管理工作	公路绿化工程建设管理工作
1. 项目立项与可行性研究	（1）预可行性研究（如有）； （2）项目建议书； （3）规划选址及用地预审； （4）可行性研究报告； （5）投资估算； （6）项目审批 / 核准	（1）拟定公路绿化工程的面积； （2）进行绿化勘察，摸清场地原有绿化植物的品种、规格、数量等现状条件； （3）公路绿化工程投资估算

续上表

公路建设项目建设程序	公路建设项目建设管理工作	公路绿化工程建设管理工作
2. 项目初步设计	（1）技术设计（如有）； （2）初步设计（含概算）； （3）初步设计的审查 / 审批	（1）公路绿化工程初步勘察； （2）公路绿化工程初步设计（含概算）； （3）公路绿化工程初步设计审查 / 审批
3. 项目施工图设计	（1）施工图设计（含预算）； （2）施工图审查 / 审批或报备	（1）公路绿化工程详细勘察； （2）公路绿化工程施工图设计（含预算）； （3）公路绿化工程施工图审查 / 审批
4. 项目招标	（1）监理招标； （2）检测招标； （3）施工招标	（1）公路绿化工程监理招标； （2）公路绿化工程检测招标； （3）公路绿化工程施工招标
5. 项目施工准备	开工准备	公路绿化工程施工准备
6. 项目实施	（1）落实开工条件； （2）工程施工	（1）落实公路绿化工程开工条件； （2）公路绿化工程施工； （3）公路绿化工程的中期计量与支付

4.1.2 规划设计阶段管理

规划设计阶段是高速公路绿化工程前期工作的主要部分，需注意以下几个方面：

（1）建设单位应采取前期介入、过程参与的方式跟踪监督规划设计全过程，审查规划设计大纲、中间成果、最终成果。强化规划设计管理工作，设计理念、思路应充分结合项目定位、项目特点以及地域特色。加强设计成果质量控制，全过程跟踪协调管理设计工作，充分发挥设计咨询单位的作用，提高规划设计质量。

（2）吸取以往建设单位的经验，重视高速公路绿化总体设计，加强设计标准化管理，加强与地方的沟通协调，针对项目所处的地理位置，开展专项设计，专题研究，对重点工程方案进行内审和咨询审查。

（3）建设单位全程参与概预算文件的编制，督促设计单位提供概算与估算、预算与概算的详细对比分析报告，确保各阶段造价文件的上报及批复能真实、准确、合理。

（4）加强基础资料的收集。基础资料包括与地方部门、村民的沟通以及设计基础资料两部分。高速公路为基建工程，应以服务社会和人民为出发点，因此，与地方部门、沿线村民的沟通尤为重要，设计调查过程中需充分与地方相关部门沟通，尽量减少对地方生产生活的影响，并获得最优的绿化设计方案。地质、水文、气象等设计基础资料是工程设计开展的前提。

（5）积极响应推进绿色公路建设，坚持“生态环保、绿色低碳”的设计理念，加强生态环保设计。

4.1.3 施工阶段建设管理

（1）绿化工程管理一般要求包含以下几个方面：

①应熟悉公路绿化工程的建设程序和管理办法，按本指导手册要求，结合公路建设项目的特点和公路绿化工程的规模，建立全过程、全方位、全覆盖的施工管理制度。

②绿化施工单位应强化施工管理体系的完整性，应重视组织管理、流程管理、计划管理和标准化管理。

③绿化施工单位应与建设单位、设计单位、监理单位紧密配合，熟悉公路项目的线路走向，实地勘察公路房建工程的设施布置、周边环境、材料供应情况，制订实施性强的施工组织设计。

④绿化施工单位应结合自身施工能力和技术优势，采用有利于保障施工安全、提升施工质量的工艺工法和提高施工管理效率的方法。

⑤绿化施工单位应建立公路绿化工程的专项技术管理体系，管理体系应包括施工测量、施工方案、专项技术方案、技术交底、技术培训。

⑥应根据相关规定和合同要求，保障施工管理人员的投入，做好物资采购计划、分包计划、机械设备计划、工期进度计划。

⑦公路绿化工程的施工管理人员和技术人员应熟悉公路工程管理、掌握与现行绿化建设工程有关的标准。

（2）施工单位应在合同签订后30d内完成合同清单的复核并形成书面复核意见，施工单位应将书面复核意见提交发包人。发包人宜在收到施工单位提交的书面复核意见后45d内与承包人完成核对工作。

（3）在完成绿化施工单位项目部办公场所建设并具备办公的前提下，与建设单位、监理单位、前序施工单位确定施工界面，并形成界面确认文件。

（4）绿化施工单位应及时参加施工现场开工条件的核查工作，办理施工场地交接手续，形成书面交接确认文件。

（5）绿化施工单位应建立设计交底与施工图会审制度，明确参与单位、流程和内容等。施工单位的总负责人（或项目经理）和技术负责人及造价管理人员应参加设计交底和施工图会审。

（6）绿化施工单位应按合同要求，按时编制实施性施工组织设计，按要求报审报批。

（7）绿化施工单位应编制施工方案，施工方案审批前，不得开工。

（8）施工方案应根据总体施工组织设计，结合公路绿化工程的实际情况，综合考虑工期、质量、造价、施工队伍、机械设备、地质水文条件、场地要求等因素编制。

（9）绿化施工单位应组织内部人员开展安全、技术、职业健康等培训和教育。

（10）绿化施工单位应严格执行与安全生产有关的管理规定，并制定公路绿化工程的安全生产目标，在开工前以书面文件形式发布。

（11）绿化施工单位应建立公路绿化工程的安全生产管理体系。安全生产管理体系应包括以下内容：

①明确安全生产管理责任，落实安全管理责任主体、第一责任人和安全生产管理人员。

②明确安全文明施工标准化管理流程、施工分包安全管理流程、安全风险管理流程和安全检查管理流程。

③明确安全责任考核流程、安全事故处理流程。

（12）绿化施工单位应组织开展安全文明施工标准化学习，落实安全文明施工标准化配置要求。

（13）绿化施工单位按合同约定落实安全生产经费，保证安全生产费用足额投入。

（14）绿化施工单位应建立公路绿化工程的质量管理体系。质量管理体系应包括质量规划、质量通病防治、标准工艺应用、强制条文执行、重点环节及工序质量控制、质量检查、设备质量管理、质量管理奖罚和质量创优管理等内容。

（15）开工前，绿化施工单位应结合项目现场实际情况、地质情况，认真复核设计图纸，发现明显的差、错、漏等问题，及时向建设单位反馈。

（16）绿化施工单位的进度管理应明确进度的目标、计划和考核。

（17）绿化施工单位应提供至少3个苗木厂家，供监理、业主比选，最终选定的苗木厂家应经报监理审批，并向业主报备。

（18）绿化施工单位应建立公路绿化工程的竣工图管理制度，明确竣工图完成时间以及竣工图的编制、审核、检验、交接等流程和质量标准，建立竣工图的检查与考核标准。

（19）竣工图应由施工单位负责编制。竣工图编制应符合相关规定，应反映实际实施的工程数量，应真实、准确地反映施工图数量、变更数量、竣工数量。

4.1.4 运营阶段建设管理

（1）运营单位要落实好绿化保养单位（养护单位、服务区物业）。

（2）绿化保养单位（养护单位、服务区物业）向运营管理处提交绿化全年期的保养计划落实书，明确四季中具体保养的时间节点、内容以及所要注意的事项。

（3）绿化保养单位（养护单位、服务区物业）在保养中要注意安全风险防控的管理，在不影响公路行车安全的前提下有序组织。

（4）绿化保养完毕应注意现场卫生的清理。

4.2 设计管理

4.2.1 一般要求

（1）应在项目立项及规划阶段明确项目绿化设计管理团队，界定管理职责与分工，制定项目绿化设计管理制度，确定项目设计与技术控制流程，综合考虑绿化工程投资、质量、进度、安全等指标。

（2）应按照项目管理策划结果，进行目标分解，科学编制项目绿化勘察设计工作计划，及时组织制定项目勘察设计工作大纲及任务书，必要时组织专家审查，同时督促各设计单位严格执行，以保证设计成果的完整性、合理性、统一性。

（3）绿化设计管理团队应根据项目设计的需求合理安排绿化勘察工作，摸清场地地形地貌及原有绿化植物品种、规格、数量，明确勘察管理目标和流程，规定相关勘察工作职责。

4.2.2 可行性研究阶段管理

（1）应有风景园林专业的设计人员参与编制可行性研究报告中有关绿化工程部分的内容。

（2）可行性研究报告中对于项目的立项、选址和规划应注重保护现有绿地和现状树木，特别是连片成林树木。坚持科学规划、保护优先、规范管理、科学养护的原则。

（3）可行性研究阶段应根据项目绿化情况编制树木保护专章；树木保护专章应由具备开展树木安全性评估、树龄鉴定、病虫害检测、土壤检测、生境修复等能力的专业机构编制。专业机构配备生态、林业、园林、园艺、植保等绿化相关专业人员，并根据树木保护专章研究成果， 及时调整可研方案。

（4）可研估算规模是项目审批立项工作的重点。应参考已审批的相关项目的绿化造价情况，审核可研报告所确定的植物品种、种植密度、植株规格等，并进行对比分析，指导可研编制单位合理确定估算规模。

4.2.3 设计阶段管理

设计主要分为方案设计、初步设计、施工图设计几个阶段，项目绿化设计管理团队应在各阶段组织设计单位编制相应成果，并进行审核，提出设计评估意见。

（1）项目初步设计阶段绿化设计管理需进行以下工作：

①拟定绿化设计方案，组织设计单位进行绿化工程初步设计工作，达到相应设计深度，确保项目设计符合规划要求，并根据需求组织对绿化工程初步设计进行优化。

②高速公路绿化工程初步设计的重点管控内容如下：

a.初步设计的建设规模（含绿地率、绿化面积、植物规格、养护期、种植土厚度、海绵城市要求等）。宜控制在经批复（或备案）的可行性研究报告允许范围内，如果超出规定的允许范围，应有针对性地进行专项分析论证，并提供专项分析论证报告。

b.初步设计的实操性。应符合限额设计、造价控制和满足开展施工图设计的要求。

c.初步设计的概算。高速公路初步设计概算应包含绿化工程，初步设计与初步设计概算应同步完成。

d.初步设计的深度。绿化工程初步设计深度应满足相关要求。

（2）项目施工图设计阶段绿化设计管理团队需进行以下工作：

①实施项目设计进度、设计质量管理工作。

②组织协调其他专业与绿化工程设计界面衔接和接口吻合，并对设计成果进行审核；应要求绿化专项设计与主体设计协商，制定全线景观绿化设计原则及设计接口。在施工图设计进行过程中，要求绿化设计结合主体的设计情况，同步开展景观绿化施工图设计，并与主体施工图文件同步提交，确保主体工程施工图文件修编过程中，能及时采纳绿化设计的相关结论。

③组织设计单位按照施工图审查意见修改完善设计文件。

④制定设计文件（图纸）收发管理制度和流程，确保设计图纸的及时性、有效性，并将设计文件（图纸）的原件和电子版分别标识并保存，防止丢失或损毁。

4.2.4 施工阶段设计管理

施工阶段设计管理主要围绕施工进行配合与调整变更，具体相关要求如下：

（1）在这个阶段管理，组织设计、施工等单位对全线绿化的地形结合土建工程土石方施工变化进行微地形专项设计调整，形成自然的高速公路路域景观效果。

（2）施工阶段对于设计的管理主要包括设计变更及设计单位现场配合服务的管理。

（3）在施工单位进场后，应组织绿化设计单位对项目的绿化设计情况及注意事项进行技术交底，并组织图纸会审。

（4）应组织设计单位参与选苗，确保施工单位采购的植物满足设计要求。对于绿化施工中遇到的现场问题，设计单位应及时解决。

（5）设计变更既要及时有效，更要有前瞻性，变被动为主动，使工程方案、经济的综合比选真正有意义。设计变更应及时处理，切实加快工程进展、减少浪费、避免质量安全隐患。

（6）设计变更应建立台账并及时清理、上报，以便建设单位及时掌握设计变更及项目投资情况。

4.3 施工管理

4.3.1 施工前准备阶段要求

1）人员准备

绿化工程施工单位要配备项目经理（专业负责人）、技术负责人、施工员、材料员、质检员、预算员、安全员、后勤管理员等专职人员。其中：

（1）项目经理（专业负责人）：代表绿化工程施工单位企业法人对本工程绿化施工全面负责。

（2）技术负责人：具体落实绿化工程施工全过程中的技术、质量管理和生产协调，负责施工图会审和设计交底，编制详细的绿化种植施工方案、审核有关施工方案，处理工程施工过程中的施工技术问题，组织对分部分项工程的质量验收；完成工程的竣工图及施工总结。

（3）施工员：负责工程的技术，配合技术负责人实施工作。编制苗木需求计划以及人工、机械计划，监控协调工程进度；检验到场苗木的品种、规格及日后的成活情况是否符合设计要求；进行现场测量，定位放线，苗木选择，树木朝向等现场控制；负责种植工程的过程把控与竣工验收，编制施工资料和竣工图。

（4）材料员：施工用料的供应、调度及管理。主要负责苗木询价、采购、计划供应、工程材料的复试与报验。

（5）质检员：主要负责绿化工程质量预控、工程检测、技术复核、隐蔽验收、质量评定、测量和计量及试验、技术资料的收集等项工作，以及所有工程质量评定报告与质量验评数据的填写、整理、报批、归档工作。

（6）预算员：主要负责针对绿化工程的预决算、成本核算、验工月报、资金收支等工作。负责本工程过程中变根结算、单项签证结算报批工作，以及工程经济数据收发工作。

（7）安全员：主要负责施工现场的安全动态管理、消防保卫、环境保护等工作。认真执行各项安全生产法规和规章制度，落实上级制定的安全生产技术措施、加强施工现场安全生产标准化管理，做到安全施工、文明施工。

2）苗木准备

为了使工程顺利施工，要结合设计要求选择苗木种类，考察苗圃现场，评定供应商所提供的苗木质量，签订苗木采购合同，明确苗木数量、规格，严格控制起苗到栽苗的时间，根据规定时间进苗并办理交货手续。

3）机械准备

配备施工过程需要的机械设备，包括绿化浇水车、喷播机、喷药装置、工程车等。

4）确定施工技术要点

（1）确定工艺流程，结合绿化施工内容安排施工次序、栽植顺序，按照“先重后轻、先常绿后落乔”的原则进行施工。

（2）明确施工方案，结合工程特点保证工程质量，重视苗木选择、栽植穴挖掘等。

（3）明确施工设备与材料运输方法，结合实际施工情况灵活调整，在种植前需要相关人员提供植物来源资料，保证植物符合病虫害检疫法规要求，在苗圃中移栽苗木需要提前通知相关监理工程师对所移栽的苗木进行检查，运出苗木前需要园艺人员根据相关技术规定，将植物苗木挖出、包扎以及打捆。

5）土方与微地形处理

施工现场需要对存在的建筑垃圾进行清除；对于回填表层土壤，要避免应用风化土、膨胀土；进行土方平整时，要按照设计的等高线整理，回填高度要满足相关规范要求，并根据树木习性对土壤进行改良，使其满足树木生长需求。

地形是科学绿化公路景观的基础，也是基本构成。微地形一般是指在园林景观中依照天然地貌或人为造出的微小丘陵一类地形，一般高度不大，仿自然界中的起伏变化地势，其施工主要包括挖、运、填、压、平等工序。施工管理要点可参考广东省南粤交通投资建设有限公司印发的《微地形营造指南》实施。

4.3.2 施工阶段要求

1）工程质量管理

（1）绿化工程所种植的苗木，必须确保成活率满足设计及规范要求。

（2）所有进场苗木的规格不得低于设计及规范要求，否则不予进场。

（3）施工种植穴的规格必须满足设计及规范要求。

（4）互通及场区绿化工程排水应符合设计要求。

（5）严格按设计及规范要求，完成取、弃土场的绿化工程。

2）工程进度管理

应有效控制施工进度，缩短工期，节约施工成本。在管理过程中，相关人员要按照合同规定检查施工进度和顺序，保证施工质量符合要求，施工管理人员也要结合具体工程，预防可能产生的问题，制定相关解决措施，使工程有序进行。

3）施工安全管理

在进行中央分隔绿化带施工时，在挖掘种植穴前要充分了解地下管线结构与埋设分布情况，防止施工损坏地下管线，并重视协调各单位交叉施工。

4）工程造价管理

根据合同设计填写相关报表，管理人员要进入施工现场核算，审核工程量清单，将审核结果告知相关工程师，通过做好工程造价控制，有效提高工程经济效益。

4.4 养护管理

4.4.1 施工阶段养护管理

施工阶段养护管理应注意以下相关内容：

（1）建设管理处应建立工程质量管理制度，明确绿化质量目标，绿化工程在交工验收时，绿化质量达到设计图纸和规范要求，按《公路工程质量检验评定标准　第一册　土建工程》（JTG F80/1—2017）规范执行。

（2）绿化施工单位在施工阶段必须配备足够的养护车辆及人员，保证苗木养护的频率，确保成活率满足设计及规范要求。

（3）高速公路绿化成活期为1年，1年内苗木不达标的，由建设单位督促绿化施工单位整改并由绿化施工单位承担相关费用。

（4）乔灌木的成活率应达到95%以上，珍贵树种、孤植树和行道树成活率应达到98%，珍贵树种、孤植树和行道树成活率应达到98%，草坪无杂草、无枯黄、无病虫害，覆盖率应达到95%以上，并对未成活植物适时进行补栽。

（5）绿化施工单位在施工阶段进行养护作业时，要注意上路施工时的交通安全，上路养护施工应按建设单位相关管理制度执行。

（6）绿化施工单位在施工阶段进行养护作业时，要注意防止对路面、护栏等成品工程的污染，相关处理措施应按建设单位相关管理制度执行。

4.4.2 运营阶段养护管理

运营阶段养护管理应注意以下相关内容：

（1）运营管理单位应配置绿化管理技术人员，绿化管理技术人员应具有从事园林绿化经营管理工作的资历或具有园林绿化专业中级技术职称。

（2）运营管理单位应建立绿化工程管养制度，明确绿化质量目标，参照相关养护规范，提出绿化管养的分类、分级及质量要求。

（3）运营管理单位应加强绿化工程养护技术管理，编制相应绿化管养技术方案或工作指南（手册），按签订的养护合同文件的规定落实景观和绿化工程日常养护。高速公路主线、收费站、管理区由养护单位实施日常养护，服务区、停车区由物业单位实施日常养护。

（4）绿化工程养护队伍人员、设备、材料及相应资质等应在招标文件或合同谈判纪要中进行约定，可在合同谈判纪要约定与土建（路面）施工单位绿化保修期（缺陷责任期）工作界面符合《园林绿化工程建设管理规定》，满足高速公路主线、管理区的养护要求。

（5）建立养护检查考评制度和上级单位检查整改落实机制，并对绿化质量进行评分，同时对养护单位进行企业信用评价。

（6）落实上级主管部门布置的专项活动，积极开展养护管理检查“国检”工作。

4.5 验收管理

4.5.1 一般规定

为加强公路绿化工程质量管理，规范绿化工程质量的检验评定，需注意以下内容：

（1）公路绿化工程的交工验收应符合《公路工程质量检验评定标准　第一册　土建工程》（JTG F80/1—2017）有关要求。

（2）公路绿化工程是高速公路的组织部分，不单独进行交工验收，按高速公路项目交工验收要求执行，绿化工程验收工作重点是施工质量的验收和项目建设、接管单位管理界面与职责的明确。

（3）绿化工程成活期由建设单位与接管单位成立验收机构，开展绿化工程专项验收工作。

4.5.2 交工验收过程管理

1）建设单位和接管单位的管理界面与职责

明确项目建设单位和接管单位对绿化工程的管理界面与职责，建立联合机制，分为三个阶段开展：

（1）交工验收至通车前：由建设单位牵头负责，接管单位参与，对全线绿化工程质量进行全面排查，建立第一阶段台账，由双方业务分管领导或工程及养护部门负责人签字确认。

（2）通车三个月内：由接管单位牵头负责，建设单位参与，对全线绿化工程质量进行全面排查，建立第二阶段台账，由双方工程与养护部门负责人签字确认。如已通车项目未开展第一、第二阶段工作，两阶段的台账可参考广东省交通运输厅交工质量检测意见建立。

（3）通车三个月至成活期前：建设单位和接管单位共同对全线绿化工程质量进行全面排查。接管单位通过日常巡查、经常检查、定期检查、专项排查等手段，发现管养过程中的绿化问题，建立问题台账，定期抄送建设单位。建设单位应组织原参建单位定期对全线绿化工程进行排查，建立问题台账，抄送接管单位。

2）验收过程管理注意事项

（1）在绿化工程施工中，对土壤、肥料、灌溉用水、植物材料（乔木、孤植的灌木、绿篱、地被、花卉、草坪）进场四类进行检验，检验方法和检验频率按规范执行。植物种植后，应对整体植物材料进行病虫害检验。

（2）在绿化工程施工中，对土壤、肥料、灌溉用水三类进行检测，抽样遵循“随机”“多点”“均匀”的原则，取样方法与频率按规范执行。

（3）在绿化工程施工中，对绿化附属设施给排水管道进行通水试验，对管道、设备进行强度试验、严密性试验。

（4）在绿化工程施工中，对绿化种植工程［种植土回填、绿地地形（微地形）整理、种植空（槽）挖掘、乔灌木与地被种植、大树移植、草坪播种、水生植物种植等］进行现场质量验收记录；对绿化附属设施（假山叠石、园林小品、园林给排水、花坛设施和小型挡土墙等，进行现场质量验收记录。

（5）召开交工验收会前，根据《公路工程质量检验评定标准　第一册　土建工程》（JTG F80/1—2017）对绿化工程单位工程进行质量评定，并符合签订的养护合同文件绿化工程计量与支付细则、技术等条款及《广东省城市绿化工程施工和验收规范（DB44/T 581—2009）》要求，且完成施工档案资料的编制工作。

第 5 章

高速公路绿化规划设计

5.1 高速公路绿化规划设计流程

高速公路绿化规划按照工作流程可分为前期调研、方案设计、初步设计、施工图设计以及设计后续服务等阶段。

5.1.1 前期调研

（1）为确定公路绿化工程的规划选址和用地面积，前期需进行全面细致的调查研究，主要分为外业调查、资料收集和编写调查报告。详细内容见表5-1。

前期调研与资料收集内容 表5-1

调研内容类别	地质地貌	地质条件、地貌类型
	土壤条件	成土母质、土壤重度、土壤养分、土壤厚度、土壤酸碱度等
	气象水文条件	气温、降水量、无霜期、风力、光照情况、地下水位、地表水等
	动植物情况	自然植被、野生动物、栽培植物等的种类和分布；古树名木保护情况；苗源分布、使用状况和生长状况等
	主体工程条件	路基、路面、桥梁、互通立交、隧道及房建等工程施工进度及现状条件
	社会经济变化	区域特色、风俗民情、景观资源、人力资源和经济状况等
	相关文件	相关区域相关规划文件、项目前期相关的技术文件、土建设计文件、政策及法律法规
	相关案例	相关区域其他高速公路绿化现状调查分析
调查报告评价分析		对调查项目分类评估，总结现状优势和不足，结合实际提出绿化设计指导性意见

①应进行实地外业调查。应从地质地貌、土壤条件、气候与水文条件、动植物情况、主体工程条件、社会经济文化以及相关案例方面进行全面调查，着重梳理沿线宜林荒

山、荒地荒滩、荒废和受损山体、退化林地草地、低质低效林的具体区域，做好古树名木资源与分布专题研究。

②应收集前期相关的技术文件及区域相关规划文件，落实耕地保护制度，符合国土空间管控要求，合理划定规划范围。掌握项目环境影响评价报告、水土保持方案报告内容及结论意见，了解项目前期策划书或建议书的指导性内容。

③应在调研后编写详细的调查报告，对项目现状作出评价与分析，提出设计建议和注意事项，作为后续详细设计的指导性意见。

（2）调研运用现代道路测设技术，包括GPS（Global Positioning System，全球定位系统）-RTK测量（Real-time Kinematic，载波相位差分技术）、遥感技术、数字摄影测量技术、GIS（Geographic Information System，地理信息系统）等。

①利用GPS（RTK技术）基于主体工程条件测量及制作大比例尺地形图。用GPS建立控制网，对大型结构物，如特大桥、隧道、互通式立交等，宜用静态测量，而一般道路沿线工程的控制测量则可采用实时GPS动态测量。

②利用遥感技术获取包括地形、地貌、植被等信息，制作遥感技术专题图，流程如图5-1所示。结合GIS分析断裂构造的分布格局、活动构造和不稳定程度、构造薄弱带的分布规律等；应用遥感图像的宏观特征，分析水系与构造、水系与地貌、水系与岩类之间的相互关系等。

③利用数字摄影测量技术，建立数字地面模型；自动生成等高线地形图；提供各种工程设计需要的工程信息，以及各种信息系统、数据库所需的定向信息。

④利用GIS进行道路基础数据信息管理，包括图形信息（如地形图、已有规划图、航摄像片、各种道路设计图等）、统计信息（如人口信息、资源信息、就业信息等）、道路及地面附着物（如房屋、各种管线、特殊地物等）及文本信息（如政府文件、规划文件等），从而进行后续分析及规划。

a.辅助道路选线。通过GIS的各种图形加载的相应属性信息及GIS的空间分析功能，比对占地拆迁面积、相交道路条数及等级情况、挖填方平衡等，筛选更合适的走线方案。

b.道路环境影响评估与方案比选。利用GIS的专题地图和缓冲区分析、叠加分析功能，确定路线走廊带内的最小环境敏感区，确定对环境影响最小的路线方案。在最小环境敏感区内进行路线方案设计环境影响的专题研究，通过地图叠加分析提出环境补偿措施和替代方案建立采取补偿措施。

c.道路自然区划的研究。以GIS为平台，进行道路自然区划研究，为道路规划、设计提供宏观决策支持。利用GIS空间分析功能，通过环境要素计算和分析，确定水文、气候、地质、地貌等自然地理要素对道路建设影响参数，获得道路建设困难程度指数分区、道路综合气候不利系数分区、道路施工不利系数分区、道路地质灾害综合灾害分区等参数分区，形成道路地貌区划、道路气候区划、道路岩土区划、道路水文区划、道路水文地质区划、道路地质灾害区划、道路植被生态区划等专题区划，最终得到道路自然区划。

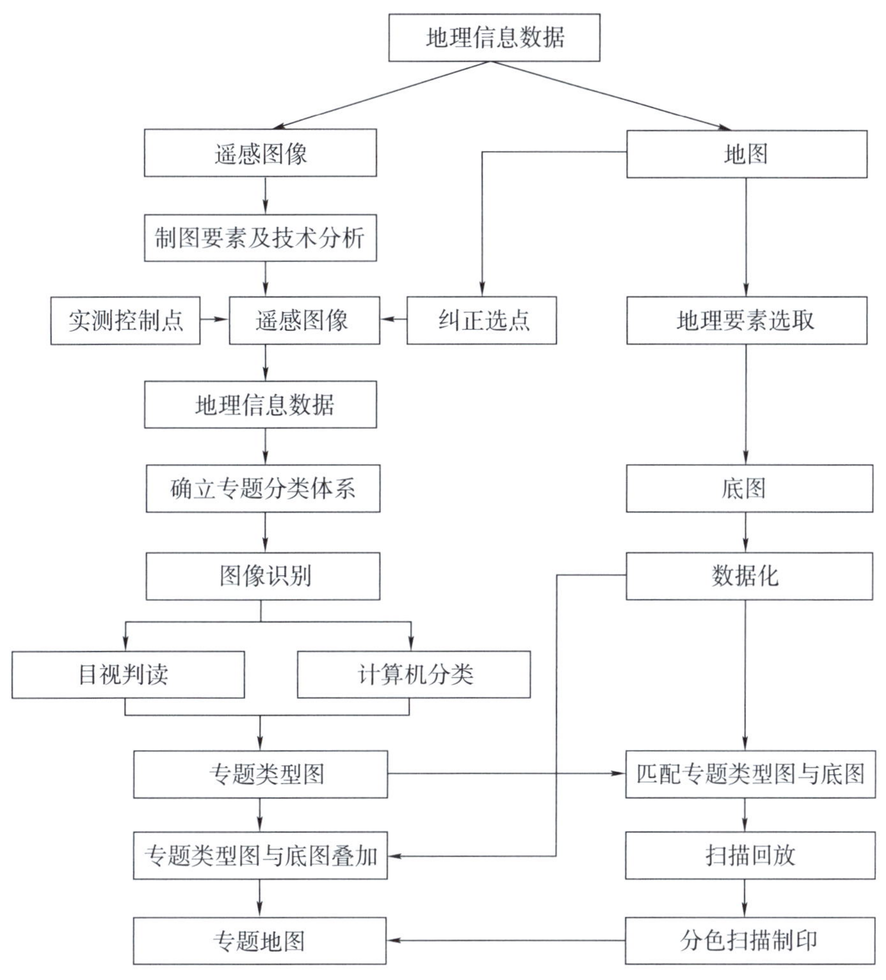

图 5-1　遥感技术专题图制作流程

5.1.2　方案设计

（1）综合分析现状调研报告和基础资料，提出总体的设计主题和方案意向。

（2）确定主要的区域段落和节点，拟定相应的绿化种植配置；对受损严重区域制定专门的植被恢复设计方案。

（3）绘制标准段的绿化设计平面图及效果示意图，以及重要节点（如互通式立交区、服务区、住宿区、管理中心、隧道洞口等区域）的平面图及效果示意图。

（4）按照规范要求并依据项目方案设计文件编制投资估算。后续应根据投资估算控制初步设计或下阶段施工图预算。

5.1.3 初步设计

（1）在绿化方案基本确定的基础上，深化完成绿化初步设计。方案应符合有关规范、文件的要求，要科学合理，内容完整，图文清晰。具体包括：

①总说明：路线所经地方的气候、自然风光等自然环境与历史文化、名胜古迹等社会环境，绿化方案设计特点，描述本地区适宜高速公路两侧种植的植物品种等。

②沿线互通立交、收费站、服务区、停车区、管理中心及住宿区等沿线设施，隧道洞口、取弃土场、临时占地位置平面示意图，要注明桩号和名称。

③路基边坡、中央分隔带和路两侧的绿化：对分低路基、高路基、低路堑、高路堑、半填半挖等路段分别做出横断面布置图和相对应的效果图。在横断面布置图中应标注清楚所选植物的名称和方案的文字说明（主要对方案的特点，所选植物的株距、行距，植物特点和习性等进行简要论述）。

④互通立交区绿化：做出每个互通立交的平面布置图和效果图，在平面布置图中应标注植物的名称和种植方案的文字说明（主要对方案的特点，所选植物的株距、行距，植物特点和习性等进行简要论述）。

⑤服务区、停车区、收费站、管理中心及住宿区绿化：做出每个站区的绿化平面布置图和鸟瞰效果图。在平面布置图中应有植物的名称和方案的文字说明（主要对方案的特点，所选植物的株距、行距，植物特点和习性等进行简要论述）。

⑥方案设计的效果图应与工程实际相符，设计比例、尺度应合理，重点区域需增加车行视角效果图，效果图应显示出排水沟等设施。

（2）编写绿化设计说明、植物配置表及工程数量表，含绿地率、绿化面积、植物规格、数量、养护期、种植土厚度、海绵城市要求。

（3）编制绿化工程概算。充分了解高速公路所在地区的乡土树种及苗木市场行情，根据苗木来源、运输方式及运杂费等具体信息，准确取定材料价格。应根据高速公路所在地区影响植物生长的因素，确定增加的费用。应考虑绿化工程非季节性施工情况产生的费用，合理选取苗木后期养护费用。应合理选用定额，准确反映施工方案内容。当施工方案与相应定额不一致时，应按规定对定额进行调整或根据工程实际情况编制相应补充定额。

（4）绿化工程概算与批复投资估算误差不得超过 ± 10%。

5.1.4 施工图设计

（1）在绿化初步设计的基础上，结合批复意见以及相关部门和业主的意见，完善和深化施工图，完成绿化施工图设计。

（2）绘制路侧及中央分隔带标准段绿化平面图及相应的立面图，绘制路基边坡绿化设计图及细部大样图。

（3）绘制互通立交绿地的绿化设计平面图及地形的放线图。互通立交绿地进行坡面修饰的应绘制竖向设计图。

（4）绘制沿线设施场区（收费站、服务区、停车区、管理中心及住宿区等）的绿化设计总平面图及乔木、灌木、地被种植设计图和场地竖向设计图。

（5）绘制隧道洞口的绿化设计剖面图和平面图。

（6）绘制取土场、弃土场的绿化设计图，绘制施工临时占地植被恢复设计图。

（7）编写绿化设计说明、植物配置表及绿化工程数量表。

（8）编制绿化工程预算。施工图预算不得超过批复的初步设计阶段的绿化工程概算。

5.1.5 设计后续服务

（1）设计后续服务应贯穿工程实施的全过程，包含图审意见回复、图纸会审、技术交底、现场处理技术及问题竣工验收等。

（2）绿化设计人员需要根据绿化施工进度及时进行驻场跟进。因现场条件发生变化导致无法按照设计文件实施时，应配合建设管理部门结合实际情况及时进行设计变更，并及时编写修改通知单。

5.2 生态保护与修复

高速公路绿化设计应重点体现对原有生态环境资源的保护、利用和开发。对已造成破坏的区域坚持以自然恢复为主，人工修复和自然恢复相结合，适地适绿，构建健康稳定的生态系统。

5.2.1 前期选线

前期选线顺势而为、减少破坏、强化保护。

（1）选线时考虑依山傍水，顺势而为。减少对山体和水域环境的破坏，同时沿线设施规划选址应善于借景，将优美、独特的自然和人文景观巧妙纳入公路使用者视野范围，增加公路景观层次感、丰富度，让高速公路与自然环境相得益彰。如在粤北山区，为减少项目建设对环境的不利影响，广东省南粤交通投资建设有限公司坚持“生态选线”理念，调整武（汉）深（圳）高速公路方案避让生态环境敏感区域，如图5-2所示。

（2）结合国土空间规划，避让环境敏感区域。在规划阶段对耕地、林地、湿地、水源地、野生动物、古树名木等保护对象做到最大程度的保护，结合生态保护红线尽量绕开和避让环境敏感区，将不利影响和破坏降至最低。如在粤西海滨，东（海岛）雷（州）高速公路通明海特大桥“绕道”百年湿地红树林方案，保护候鸟栖息地。详细环境敏感区域类型见表5-2。

图 5-2　武深高速公路生态选线

环境敏感区域类型　表5-2

序号	类　型
1	国家公园、自然保护区、风景名胜区、世界文化和自然遗产地、海洋特别保护区、饮用水水源保护区
2	除 1 外的生态保护红线管控范围，永久基本农田、基本草原、自然公园（森林公园、地质公园、海洋公园等）、重要湿地、天然林，重点保护野生动物栖息地，重点保护野生植物生长繁殖地，重要水生生物的自然产卵场、索饵场、越冬场和洄游通道，天然渔场，水土流失重点预防区和重点治理区、沙化土地封禁保护区、封闭及半封闭海域
3	以居住、医疗卫生、文化教育、科研、行政办公为主要功能的区域，以及文物保护单位

5.2.2　整体设计

整体设计做到自然造景、人工美化、因地制宜。

（1）结合“因地制宜”“生物多样性”“海绵城市”等设计理念与思路，宜尽量保留主线与匝道围合区域内原有起伏的地形，微地形设计应结合立交区的排水系统进行设计，在匝道区内宜采用土质边沟，当匝道范围内的降水无法排入沟渠时，应在低洼处设置集水池，边沟设计应连通并能流入集水池，集水池大小应根据当地气候条件和互通区大小合理确定，较大集水池宜考虑营造为人工湿地或水景，具体如图5-3所示。

（2）采用生态互补的种植模式，将各种乔、灌、草植物按不同层次、颜色、形状组合，利用植物特性恢复生态环境，形成丰富多样的植被生态景观，如图5-4所示。

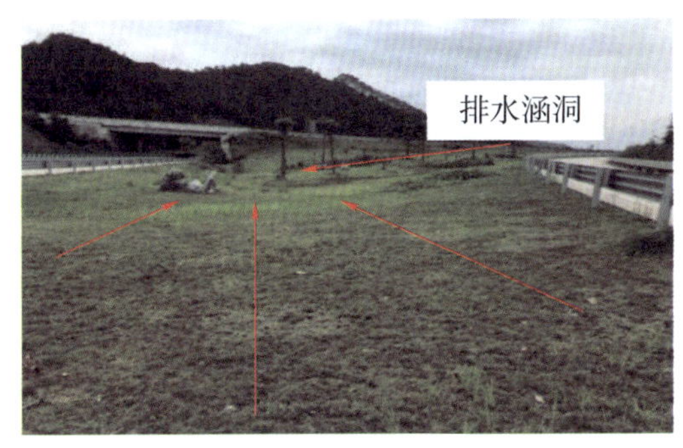

a) 怀集北互通微地形排水

b) 化湛高速公路人工湿地互通景观

图 5-3　排水设计

5.2.3　后期建设

后期建设注重边坡修复与生物廊道打造。

（1）针对边坡类型与特点，选择合适的边坡复绿技术。在边坡防护安全和植被恢复的基础上，通过对上边坡局部的点缀及完成边缘与原生植被的承接，使修复后的路域自然景观更为和谐。

图 5-4　东雷沈塘互通恢复原有生境

①边坡生态防护需做到安全长效、因地制宜；乔灌草相结合、固氮与非固氮品种相结合、深根性与浅根性品种相结合、观花和观果品种相结合。

②各技术适用范围见表5-3，边坡生态防护技术体系如图5-5所示。

边坡生态修复技术的适用条件　　表5-3

边坡修复技术分类		技术名称		适用坡度	建议适用边坡类型
生态修复基础工程技术		1. 铺设三维网		< 35°	土质缓坡或斜坡
		2. 土工网		< 30°	土质平滑的缓坡，表层粗粒多
		3. 土工格室		< 60°	土质平滑的缓坡、斜坡或陡坡
		4. 石笼工程		< 30°	坡体渗水或涌水较多的缓坡
		5. 坡体排水工程		—	—
植被培育技术	播种技术	1. 种子喷播技术		< 30°	土壤肥沃、湿润侵蚀轻微的缓坡
		2. 客土种子喷播技术		< 45°	岩土质的缓坡或斜坡
		3. 喷混植生	挂网喷混植生	45°~70°	绿化覆盖率大于 90% 的岩质陡坡
			不挂网喷混植生	< 45°	绿化覆盖率不高（60%~90%）的岩质斜坡或陡坡
		4. 植生网、植生毯垫		< 45°	土壤贫瘠的岩质缓坡、斜坡
		5. 植生袋		45° ~75°	土壤贫瘠的岩质陡坡

续上表

边坡修复技术分类		技术名称	适用坡度	建议适用边坡类型
植被培育技术	栽植工程	1. 植生盆	45°~75°	坚硬、不平整、裂隙和微地形的岩质陡坡
		2. 挂笼砖	＞75°	绿化覆盖率需大于 90% 的稳定的岩质特陡坡
		3. 飘台种植槽	＞60°	中风化和微风化的岩质陡坡或特陡坡
		4. 钉钵苗栽植	＞60°	中风化和微风化的岩质陡坡或特陡坡
		5. 栅栏栽植	＜45°	土砂堆积比较厚斜坡或缓坡
		6. 栽植穴植苗	＞60°	岩质、混凝土陡坡或特陡坡
		7. 台阶式金属笼栽植	＞60°	岩质、混凝土陡坡或特陡坡
		8. 挂金属栽植笼	＞60°	岩质、混凝土陡坡或特陡坡
		9. 台阶栽植	＞60°	稳定陡坡或特陡坡
		10. 利用废弃轮胎恢复植被技术	＞45°	稳定陡坡或特陡坡
		11. 植苗与喷混植生复合技术	＞60°	稳定陡坡或特陡坡
	植被诱导工程	—	—	—
维护管理技术		浇水、追播、施肥、择伐等密度管理以及滴灌技术	—	—

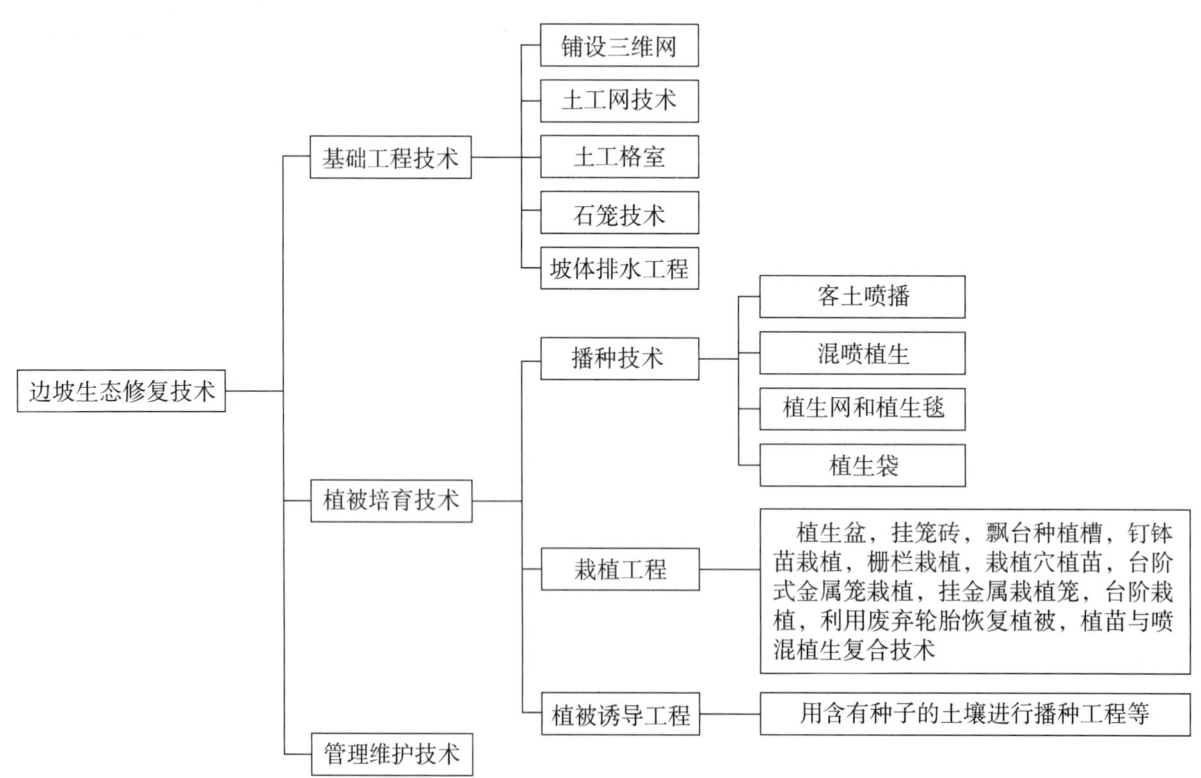

图 5-5　边坡生态修复技术体系

（2）参照《陆生野生动物廊道设计技术规程》（LY/T 2016—2012），根据野生动物活动路线、栖息地适宜性、食物丰富程度、阻隔因子及野生动物伤亡情况，在特殊地段设置生态通道［特殊地段类别及分级详见《陆生野生动物廊道设计技术规程》（LY/T 2016—2012）］。陆生野生动物廊道设计的注意事项如下：

①山地或喜开阔环境动物采用天桥。调查场地生物多样性，依据目标物种的行为学特点确定天桥的坡度，桥面采用附近同质植被覆土，边缘应密植与天桥两侧类似的植被，必要时边缘还应设置栏杆、防护网。

②平地及河滩等在平缓地形环境活动的生物采用高架桥下通道。桥梁的结构应保证野生动物视觉贯通；对于易受惊扰的野生动物，在临近野生动物通道的道路和桥梁两侧应采取隔音措施，如降噪林、声屏障等。

③夜行性动物以及两栖类和爬行类动物适用涵洞。分无水涵洞和排水涵洞两种，多采取涵管或箱涵形式。一般情况下采用无水涵洞；排水涵洞适用于公路穿越湿地，或雨季用于排水的区域。如果目标物种主要是两栖类动物，应保障通道内有常流水；如果目标物种主要是爬行类动物，则可通道中架设悬空的可供攀爬的结构。

④应在廊道入口附近，设置围栏、围墙、挡板或单向门等辅助设施，以诱导野生动物顺利找到入口。

⑤在临近野生动物通道的路段，应设置限速禁止鸣笛、灯光控制等方面的标志牌。

5.3 绿化选种与搭配

5.3.1 基本要求

（1）因地制宜，适地适树，科学选择。

（2）应参照《广东省主要乡土树种名录》选择造林绿化树种，审慎使用外来树种，提倡选用多树种营造混交林。同时应选用适应当地公路环境条件、吸尘降噪、景观功能好的树种，并注重乔灌花草的合理搭配。

（3）针对绿化品种选种搭配召开多次专家讨论会，确定各植物品种及种植方式，保证植物成活率。

5.3.2 按地理气候选择树种

广东省位处热带和亚热带分界线，植被及其生长环境均以热带特征显著而又富于过渡性。广东省大致分为两个片区，即北内陆区和南沿海区。根据不同片区的气候特征及经验，北内陆地区冬季易出现低温、霜冻的地区宜选耐寒苗木，南沿海区宜选用抗风树种。常见苗木推荐可参考附录1、附录2。

5.3.3 按照区域节点选择树种

1）中央分隔带

（1）基本要求：中分带应起到遮挡眩光、诱导视线、减轻视觉疲劳、提升路域景观的作用，应选择枝叶浓密、低矮缓生、抗逆性强、耐旱、耐修剪的植物，以常绿乔木、灌木树种为主。

（2）防眩植物的冠幅不可小于0.6m。防眩植物的栽植密度需要考虑行车防眩角度、路线平纵线形的特点合理确定，单排列植时，苗木株距宜为1.5~2.5m，且不宜大于冠幅的5倍；多排栽植时，苗木株距应适当增大。

（3）5~10km变换植物品种或种植形式，可每隔一定的距离配置适当长度的观赏花灌木绿化带，避免设计品种的单一性，缓解驾乘人员疲劳。如红继木、红叶石楠、大红花、红绒球等都是较好的选择，如图5-6所示。具体应根据设计速度以及桥梁、隧道、互通式立交等节点的位置合理确定标准段长度，但变化不宜频繁。

a) 中央分隔带红花檵木

b) 中央分隔带红叶石楠

图 5-6 观赏花灌木绿化带

（4）中央分隔带宽度不大于3m时，直线及平曲线路段防眩植物修剪后高度宜为1.6~1.8m，横向上不得超出中央分隔带宽度；凹形竖曲线路段防眩植物的高度应适当增加；凸形竖曲线路段防眩植物的高度与平直路段的设计高度相同，考虑到底部的防眩效果，可增加栽植地被植物进行遮光，增加的地被植物高度宜为0.4~0.6m。防眩植物的冠幅宜不小于0.6m。

（5）中央分隔带树种栽植方式应根据中分带的宽度选择规则式、自然式、混合式等配置模式。中央分隔带宽度小于或等于3m时，宜采用规则式种植；宽度大于3m时，可采用规则式或自然式种植，如图5-7所示。

（6）中央分隔带的地表宜种植草皮和地被植物，减少土壤流失及扬尘，防止污染路面，同时满足土壤保湿效果，增加成活率。

a) 规则式种植

b) 自然式种植

图 5-7　中央分隔带树种栽植方式

（7）分离式路基中间的分隔带或隧道洞口分隔带的可绿化区域，应根据地形及环境特点，结合可绿化区域的宽度和面积，灵活确定绿化种植形式。分离式路基中间的分隔带宽度较小时，不宜栽植浅根性的高大落叶乔木，以免对行车安全造成影响；在隧道进出口的中央分隔带应栽植根系强健的高大常绿乔木，起到过渡隧道内外光线的急剧变化的作用，如图5-8所示。

a) 分离式路基中分带

b) 隧道洞口前分隔带

图 5-8　不同绿化种植形式

2）路侧绿化

（1）基本要求：路侧绿化具有提升景观、恢复生态、保持水土、诱导视线等作用，包括碎落台、路肩外侧、隔离栅内侧以及路基边坡的绿化，应选择固土护坡能力强，耐干旱、耐贫瘠，抗风、抗冻、抗污染能力强的植物；位于风沙地区的路段，宜种植防风固沙林带。

（2）碎落台植物选择宜采用易成活、生长快、叶茎低矮、根系发达或有匍匐茎的多年生植物。其他注意事项如下：

①宜采用列植行道树、密植绿篱栽植形式，如图5-9所示。

②可适当选用彩叶植物。

③宽度小于2m的碎落台，常选择小乔木或灌木球单排种植，2km以上变换品种；对于宽度大于3m的区域，可进一步丰富植物类型提升路域景观品质。

④在石质陡坡下，碎落台可以种植攀爬的藤本植物。

⑤石质碎落台绿化设计可采用种植池（槽）绿化，种植土厚度应满足所选植物的要求，同时种植池（槽）的设计应满足排水要求，如图5-10所示。

图 5-9　碎落台列植双荚槐

图 5-10　碎落台种植池栽植勒杜鹃

（3）路肩外侧结合沿线环境特点，可在填方路段的路肩外侧种植观赏性小乔木或灌木，丰富路域景观；填方路段的护坡道或路堤边沟外侧应分段栽植以高大乔木为主的行道树。

（4）隔离栅内侧宜栽植绿篱，可选用常绿灌木、刺篱落叶灌木或攀缘植物，阻止人或动物进入高速公路界内。声环境敏感区路段应布置绿化降噪林带，降噪林带的设计应符合《公路环境保护设计规范》（JTG B04—2010）的要求。

3）边坡绿化

（1）基本要求：选用抗逆性和固土能力强的先锋植物品种，利于植被自然修复及演替。边坡种植主要包括草本型种植、草灌型种植和草灌结合乔木点植的种植等形式，具体应根据路基坡面的情况和路段的环境景观要求确定。

（2）路堤边坡宜采用播种（含撒播和喷播）为主、栽植为辅的方式进行坡面绿化。植物配置宜草木、灌木、小乔木结合。前期应以草本植物覆盖为主，后期应以乔灌木覆盖为主。草灌混喷（混播，常年有绿，稀灌木）的边坡绿化，应以本土草种和低矮灌木为主，不得混播山毛豆、猪屎豆等灌木及藤本植物，效果差异如图5-11所示。

（3）路堑边坡可分为土质和岩质。依据场地实际条件选择绿化品种及方式。

①土质路堑边坡采用普通喷播、打穴栽植的方式进行绿化，如图5-12所示。

②岩质路堑边坡以及锚杆或注浆加固的岩质边坡，采用客土喷播（适用于强风化岩

面）或厚层基质喷播技术（适用于弱风化岩面）。

③完整性好的中风化、微风化的石质边坡路段宜总体裸露，保持粗犷景观效果，也可在其碎落台、平台位置种植爬山虎等藤本植物，或者在边坡穴植勒杜鹃等地被，如图5-13所示。

a) 纯草本边坡效果

b) 混播山毛豆边坡效果，需要定期清理，受寒潮影响，大片枯死影响路容路貌

图 5-11　效果差异对比

图 5-12　土质边坡草籽花籽喷播效果

图 5-13　石质边坡总体裸露效果

（4）挖方路段的各级边坡平台，有种植条件时宜种植适生乔木、灌木及攀缘植物。苗木宜选用生长快、耐旱、耐寒、耐贫瘠、根系发达的可用于水土保持的先锋植物。

4）互通式立交区

（1）基本要求：包含互通式立交范围内的边坡绿化、互通立交绿地绿化、主线及匝道的路侧绿化，选用植物应达到诱导视线、提升景观、恢复植被、弱化人工构筑物痕迹的要求。

（2）绿化选择布置需考虑立体交通的功能、行车视线及动态体验，如图5-14所示。

①匝道与主线合流三角区内应保持视线通透。

②分流三角区宜适当种植适量乔木或灌木，增强标志性和导向性；在弯道外侧种植乔木或大灌木，以引导行车方向，增强驾乘人员的心理安全感；弯道内侧为保证视线通畅，宜种植低矮的灌木。

图 5-14　互通立交栽植分区示意图

（3）互通绿化方案原则上应主推“疏林草地”方案，重通视要求，以微地形营造为主，密贴草皮、点种乔木、少量灌木组团点缀，营造疏朗的大地景观并便于养护。选用的植物搭配需做到常绿树与落叶树、针叶树与阔叶树、观叶树与观花、观果树相结合，如图5-15所示。

a) 互通疏林草地效果

b) 互通围合区微地形为主、苗木为辅

图 5-15　互通绿化方案

5）沿线设施

（1）基本要求：沿线设施场（站）区绿化应能满足基本功能需求，能改善环境、提升景观效果，包括服务设施的场区绿化和管理设施的站区绿化。

①绿化应突出“以人为本”的理念，根据场区功能与规模，结合场地条件、建筑布局、行车安全、视线诱导和景观要求，通过合理布局绿化用地来划分功能区，确保场区

内人流、车流的安全通畅。

②应充分利用场地的自然地形，尽量保留原有水体和树木。绿化种植应尽量选用乡土植物，体现地方特色和生态效应。

③沿线服务设施场区的绿地率宜不小于20%，沿线管理设施站区的绿地率宜不小于30%。

（2）管理中心（集中住宿区）应结合具体地形地貌、周边环境，以园林手法为主进行绿化景观设计，突出对自然式植物群落的营造，绿化种植应形成丰富的层次，如图5-16所示。

图 5-16　园林手法营造舒适、惬意的管理中心

①乔、灌、草、花相结合，速生树种与慢生树种相结合，常绿与落叶相结合。

②绿化应与建筑风格相协调，各区绿化宜形成不同的特点，避免千篇一律。

③利用原有地形，进行微地形造型。有条件的场地设置水体景观。尽量保留原有山坡，保留长势良好的原生植物，如图5-17所示。

a) 利用原有湖泊结合水生植物造景

b) 保留原有山体及植被

图 5-17　保留原有地形

④丰富植物色彩搭配，如在广场、大门入口、中庭等重要节点，布置开花或色叶植物组团，给人较强的视觉感受，打造标志性景观，避免大面积的绿色引起的感官疲劳，如图5-18所示。配置的开花植物应满足花季的互补，做到四季有花、四季有景。

a) 休憩亭旁开花地被

b) 建筑入口彩叶植物组团

图 5-18　丰富植物色彩搭配

⑤生活区应营造生活气息，可适当多选种果树，营造百果园，果树建议选用小苗，少虫害易成活，如图5-19所示。

a) 植石榴小苗无虫害，观赏效果佳，果可食用

b) 大胸径青柠檬虫害不断，剩半冠

图 5-19　种植果树

⑥办公楼绿化设计需围绕建筑构造布局。楼前绿化是对外的窗口，设计应遵循“美观、大气、庄严”的原则；考虑建筑对自然光照、风场等影响形成的小气候，合理配置耐阴、喜阳树种的位置；考虑建筑使用功能，需要遮蔽隔离的采用竹类等进行遮挡。

⑦中庭绿化设计需考虑公众活动的空间，对于丰富空间层次、活跃空间气氛、提升整个生活区的空间质量和档次、调节空气流通，具有重要意义，在办公楼与综合楼之间起到过渡作用。可选用造型植物、芳香植物、开花植物、色叶植物等景观性较好的植物让管理人员下班后舒缓疲劳，放松身心。

⑧生活区停车位需考虑功能性设计，采用植草砖打造生态停车场；需考虑遮阳功能，

遮阳乔木必须是全冠；停车位车尾端与道路用绿篱或开花灌木进行分隔。

⑨避免盲目使用大胸径乔木，保证成活率，如图5-20所示。

a) 小胸径 (15~16cm) 异木棉长势良好

b) 大胸径（30~35cm）木棉枝条枯死

图 5-20　小胸径、大胸径植物对比

（3）服务区根据功能分区和视觉要求分别选定大中型乔木、小乔木、灌木及地被植物的整体空间布局。

①停车位的绿化区需注重遮阳效果及观赏效果设计，适宜栽种生长较快、易成伞状的乔木，乔木枝下高度应满足停车位净空高度规定，小型车停车区不低于2.5m，中型车停车区不低于3.5m，大型车停车区不低于4.5m，植物栽植株距应满足大、中型客货车通行与停车要求。如图5-21所示，红线范围均为停车区，对遮阴要求高，部分兼有行道树性质，应选择遮阳效果好的乔木进行设计。在面积较大且重要区域的绿化带需增加小品景观设计，加上局部小品的打造，融入色差设计，如红色箭头所指关键位置。红色三角形指示位置因绿化区域较小，在设计遮阳乔木时配合色块地被设计。

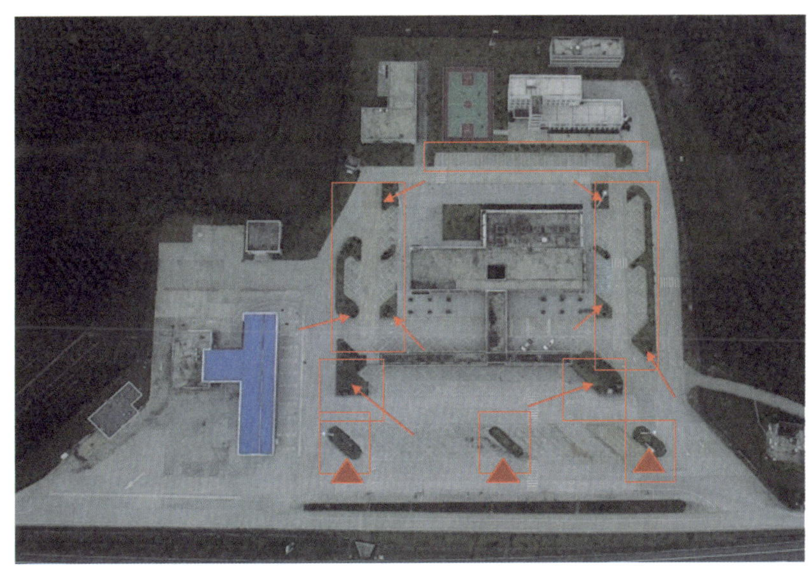

图 5-21　服务区停车位平面示意图

②服务区贯穿道路两侧如设置了绿化带，建议以灌木做行道树，根据有无停车位来设置遮阳乔木，如图5-22所示。另外，配置不同色块地被融入，从整体上看成不规则图形，且有层次感。

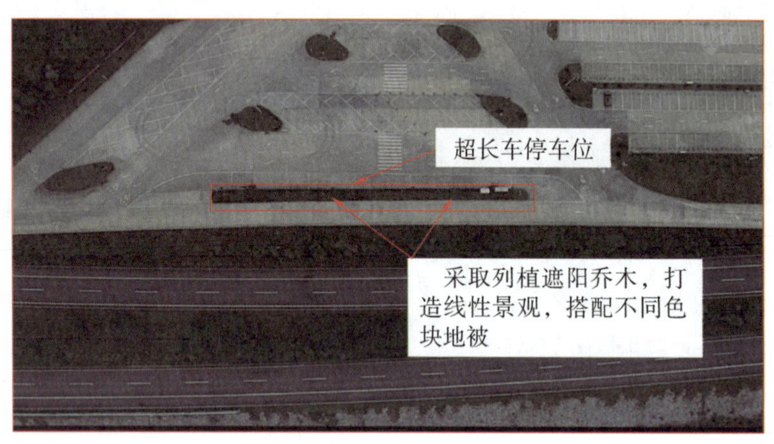

图 5-22　服务区贯穿道路平面示意图

③服务区与高速公路连接处的绿化宜通过连续的标志性栽植进行视线诱导，需保证安全视距和通透的视野，不应密集栽植乔木及大型灌木。

④出入口绿化应具有引导性和提示性，宜列植树形挺拔、特点鲜明的乡土乔木或景观性强的植物组团。

⑤服务区加油站、加气站周围，不应种植有飞絮、含油脂的树种，宜选用木荷等防火植物。加油站、加气站与周围消防通道之间不宜栽植绿篱，加油站、加气站罐组防火堤内的场地不得栽植乔木及灌木。

⑥休息区及外廊宜采用庭院式绿化设计，为驾乘人员提供舒适的休憩环境，减缓长途行驶带来的疲劳，如图5-23所示。

⑦服务区建筑内使用设施可应用绿植摆放或建设立体绿化，打造温馨舒适使用体验。

（4）收费站站区绿化种植应考虑降噪、防尘等要求，栽植高大常绿与落叶乔木。

6）隧道洞口

（1）基本要求：绿化包括隧道洞顶、洞口边仰坡、洞口广场、隧道进出口分离式路基中间的隔离带和两侧绿化，其作用为协调周围自然环境、改善隧道内外光线过渡，同时还应注重与周围山体自然植被的协调。

（2）隧道进出口分离路基一般为石渣上回填覆土，种植条件相对较差，宜遵循“疏林草地”原则，种植灌木、矮乔木。

（3）边仰坡的坡面绿化需考虑与排水系统的结合，重点为坡体的稳固和原有植被的恢复。

图 5-23　服务区休息区及外廊平面示意图

（4）隧道进出口宜“近密远疏”“近常绿远落叶”，以渐变的形式栽植高大的常绿乔木，缓解隧道内外光线的急剧变化。隧道广场宽度大于10m的，可以根据现场条件及环境采用群落或植物组团等配置方式，植物选择以耐干旱、耐瘠薄、抗风性强、易于管护的品种为主。

（5）端墙式洞门顶部在回填种植土后可依据实际情况适当栽植常绿灌木或小乔木。

（6）削竹式及其他形式的洞门坡面宜以草本为主，点缀灌木或攀缘植物。

（7）隧道进出口有配电房等建筑物的建议采用竹类遮挡。

5.3.4　按照碳汇能力选择树种

从增加碳汇的角度考虑，应选择固碳释氧能力较强的植物成为道路绿化的首选树种。在绿化设计时首先要选择绿化植物种类，一般情况下固碳能力为：常绿植物＞落叶植物；木本植物＞草本植物；阳生植物＞阴生植物；灌木群落＞乔-灌-草群落＞草本群落＞灌-草群落。部分常用绿化植物固碳能力详见附录3。

5.4 附属设施与场地

5.4.1　完善配套苗圃

（1）加大乡土树种草种采种生产、种苗繁育基地建设力度，引导以需定产、订单育苗、就近育苗，避免长距离调运绿化种苗。

（2）可在互通区适当规划苗圃，以圃代林，以绿养绿，将绿化、美化、经济林、用材林及苗圃地相结合，满足高速公路自身补栽、更新需求，并积极开拓市场实现以绿养绿。

5.4.2 建设好大树移植基地

（1）明确高速红线征地范围后，迅速组织沿线勘察，对红线范围的原生大树进行调查、登记、编号。

（2）设立大树移植基地，将红线范围内的原生大树统一移植到基地进行培育、养护，后期可在项目中使用。

5.4.3 注重取弃土场绿化

（1）取弃土（渣）场绿化以保持水土、恢复生态为目标，能复耕则复耕，不能复耕的进行植被恢复，达到保护耕地及水土保持的要求。

（2）取、弃土作业前，应先将表土集中堆存，待取、弃土结束后，再将表土予以利用。在低丘陵区挖方段、在路基填方段和沿线设施区（服务区、居住区等）进行清理表土时，需将表土剥离20~30cm，集中堆放至指定地点；表土堆放场地采用编织土袋等措施进行围挡，用薄膜进行临时覆盖，减少雨水对堆土的冲刷，减少流失，保持场地整洁。

（3）视线之内的取、弃土场生态恢复设计，宜在防治水土流失的基础上，结合生态恢复设计的要求，选择合适的树种进行绿化。选用与周围环境相协调的树种进行恢复性绿化，重点防治水土流失，车行视线范围内的区域需增加一定的观赏效果。宜选用适合当地生长、根系发达、耐瘠薄、抗性强、易管理、具有一定经济价值的树种。

（4）植被恢复应根据用途确定覆土厚度：农业用地应为30~55cm，林业用地应为20~45cm，牧业用地应为15~25cm。

（5）以石质弃渣为主的隧道弃渣场，其植被恢复应考虑弃渣场顶面的覆土植草。

5.4.4 落实“永临结合”的建设理念，多项举措，共节约土地

（1）施工便道的修建应统筹利用运输通道资源，积极与当地政府协商合作，将施工便道用作地方永久道路，落实“永临结合”的建设理念，多项举措，节约土地。

（2）临时水渠建成永久水渠。建设过程中对水系进行科学合理的规划，把临时水渠改造成永久水渠，提升农田灌溉质量，接顺项目沿线原有地方灌溉、排水系统，使沿线路基施工区域形成完整、流畅、美观的排水体系，在节约资源的同时美化生态环境，造福百姓。

5.5 文化提取与融入

5.5.1 基本要求

（1）公路景观的绿化、构造物的造型设计，要从功能上满足使用者及运营养护者的

需求，并与当地风土人情、历史文化相协调，展现出当地的文化内涵与韵味；同时设计必须考虑保持长期的自然经济效益，尽量避免破坏自然环境和原有风景。

（2）在对现状整理保护的基础上进局部节点优化，挖掘当地文化内涵、结合高速公路路桥文化、利用地域特色景观资源，达到功能与文化特色结合，联动当地文化、旅游、经济活动，通过高速观风景、品特色，做到“自然生态美”与“人文艺术美”的结合。

5.5.2 保留原生树木，应用乡土植物

（1）在规划设计中，最大限度避让古树名木、大树，积极采用有效管护措施，更多应用乡土植物，促进原有绿化树种与人为景观和谐共存，留住乡愁。

（2）沿线把公路“视野路域”范围打开，部分段落进行直接有效地引导，让游客把视线投向路域之外的远山、村庄、河流、农田等沿线风光，使公路景观融入沿线自然景观和人文风貌，达到情景交融、和谐共处的境界。如图5-24所示，汕湛高速公路云浮至湛江段吴川支线工程（简称吴川支线）注重原生植物保护与利用，主线强调表现本地区的自然风光，展现沿线清新田园风光与滨海风情。

图 5-24　吴川支线与原生景观风貌有机结合

5.5.3 分段营造主题，展现多元内涵

高速公路的主体是线性分布的，围绕主线按照不同主题分段，以横向的线拓展纵向的地域文化资源，常见手法为以主题植物或主题色彩分段，结合互通节点以主要乔木及地

被色块形式展现多彩景观带，如图5-25所示。

图 5-25　互通节点彩色植物色块

5.5.4　隧道洞门装饰及周边配景组合进行景观化打造

隧道洞口是车行视觉焦点，进行景观化打造能让车行人员眼前一亮。端墙式洞口可在端墙造型、削竹式洞口在洞门造型与铭牌装饰上进行点缀，隧道前绿地可根据要求设置雕塑、景石或其他类型的标志性景观小品，如图5-26所示。

a) 隧道洞门装饰

b) 隧道前景石

图 5-26　设置标志性景观小品

5.5.5　互通景观以地形及植物营造特色

互通区域是高速公路的重要节点，宽广的面积和多样的地形设计有较大展示空间，应考虑景观分区与行车视线，依据互通所处地理位置及条件进行打造：靠近城镇的重要互通可打造公园式绿地设计，结合微地形、植物组团、模纹地被以及雕塑构筑等展示浓郁的地域特色，如图5-27所示；位于山区和远郊区的互通宜采取生态修复为主的设计，推荐应用乡土特色树种的疏林草地模式，不宜做模纹图案式绿化。

图 5-27　互通景观与模纹地被

5.5.6　服务区软硬景结合体现地域文化主题

服务区是旅客停留时间较长的区域，是展现高速公路景观的重要窗口，传统的服务区设计注重满足安全和使用需求，忽视了景观的重要性，景观效果显得生硬、枯燥。运用景观营造眼光，站在现代视角，围绕主题理念，全面提升品质，满足观赏及休憩需求，打造舒适公共空间。如图5-28所示，硬质方面可在服务区建筑与中庭上下功夫，如建筑造型与立面装饰、中庭铺装与布局、雕塑景石等，软景方面通过植物选择和配置突显内涵精神。

a) 服务区岭南风格建筑

b) 服务区海洋文化广场铺装

图 5-28　软硬景结合体现地域文化主题

5.5.7 管理区与住宿区突显路桥精神和文化特色

管理区及住宿区为公路从业人员出入场所，景观设计方案融入路桥精神文化和所在地域特色，避免千篇一律，通过廊架、雕塑、小品等突出主题，在为居住工作人员提供舒适环境的同时，也为外界展现交通行业敢为人先、奋进勃发的形象。如图5-29所示，管理区办公楼前罗汉松渲染大气、豪迈之感，并有迎接来客之意；大腹木棉树干直立，开花时秀色照人，与公司红棉品牌对应，列植亦有庄严之感。

图 5-29 管理区办公楼景观文化融入

5.6 跨界统筹与联动

5.6.1 基本要求

加强绿化与相关规划的统筹。按照《广东省人民政府办公厅关于科学绿化的实施意见》（粤府办〔2021〕48号），绿化相关规划需加强与国土空间规划相衔接，合理安排国土绿化空间，统筹推进山水林田湖草沙一体化保护和修复。结合第三次全国国土调查数据和国土空间规划，综合考虑土地利用结构、土地适宜性等因素，科学确定绿化用地，实行精准化管理。

5.6.2 与林业工程联动

结合林业工程，实现山水林田湖草沙一体化保护和修复

（1）梳理宜林荒山、荒地荒滩、荒废和受损山体、退化林地草地、低质低效林的具体区域，以此为依据结合林相改造开展绿化，如图5-30所示。

（2）结合林业防火林带建设，充分发挥自然作用，利用森林植物之间阻火性的差异，以难燃树种组成防火林带，改善防火带以及其周边的土壤，同时涵养水源、护林防

风洁净空气等。

图 5-30　高速公路结合林相改造

5.6.3　与乡村联动

结合乡村振兴战略，以高速公路带状绿化为纽带，串联乡村旅游、“生态+”、“康养+”等文旅融合新业态，通过高速公路绿化中的宣传装饰推广特色产品产业，助力第一、二、三产业融合，激活乡村潜力。

如龙连高速公路将沿线3个广东省重点扶贫县中130个贫困村串联，龙连高速公路管理处举行“龙连高速+”模式，改善沿线群众出行的同时，加快了农矿产品资源的外销，推广客家风情旅游资源，推动沿线地区的脱贫攻坚、乡村振兴和旅游经济，龙连高速公路被央视誉为“广东最美扶贫路”。

5.7 投资效益与控制优化

（1）方案设计前期要充分调研，综合考虑绿化后期维护成本和长期效益。

（2）科学确定绿化造林方式和模式，选择速生树种与慢生树种结合方式，同时要逐渐远近结合，有计划、分期分批地用慢生树种替换速生树种，兼顾绿化景观效果和生态经济效益。

（3）合理运用集水、节水造林种草技术。

（4）增加经济树种。在适地适树的基础上选择速生用材树种或经济树种，既能起到绿化美化作用，又能获得用材、果实、油料、药材或香料等副产品，可增加其经济效益。

（5）初步设计阶段选择适度规格的苗木。为打造较好效果，小规格苗木应提前养护，同时对原有植被不大拆大建，特别是不能随意更换展现本土风貌、保留历史情怀的标志性树种，不应简单粗暴地采取迁移、砍伐的措施。

（6）初步设计阶段合理编制绿化工程概算，充分考虑项目在实施过程中可能要发生的各项费用，避免后期发生大量工程签证和设计变更。

（7）施工图设计要符合实际，注重设计优化。应首先征求建设单位意见，结合实际和立地条件，调研本地苗木市场情况，多使用本地、适应能力强、便于后期养护管理的植物材料，既减少苗木采购的运输费用，又能提高成活率和降低后期养护成本。同时需依据现场条件不断调整，增强施工图纸的可操作性和落地性。

（8）注重施工图纸的会审和技术交底环节。需请行业内的专业的绿化设计工程师，对设计图纸进行审核，找出存在的不足，并提供解决方案，最合理、最优化地利用现有的资源，合理地控制经费；交底时需介绍设计意图、绿化品种及种植工艺要求、施工注意事项等。

第 6 章

高速公路绿化施工

6.1 施工前的准备

6.1.1 技术准备

1）技术交底和现场勘查

高速公路绿化工程施工前，业主应组织召开技术交底会，由设计单位对施工单位进行技术交底，说明设计意图、理念及相关要求等。施工单位应在全面理解设计意图、设计理念及相关要求的基础上进行现场调查和核对，同时组织技术人员到现场详细调查了解施工现场周围环境、道路交通、施工条件、土壤质地、土源、水源、电源、堆料场地及生活设施位置等情况。

2）编制施工组织设计

施工单位在做好现场调查后，应明确设计意图、内容、施工任务量和工期，同时根据设计要求、合同和现场的实际情况，编制施工组织计划。

6.1.2 现场施工准备

1）做好“三通一平”（路通、电通、水通、平整场地）。

2）施工前做好劳动力、材料、机械设备等准备。

6.2 地形与土壤

6.2.1 场地平整

1）工艺流程

场地杂物清理干净→检验土质→汽车运土至回填点→回填到设计高程→修整找平验收。

2）施工工艺和技术措施

（1）在平整场地时，应将土方垃圾等杂物清理干净，确保绿地内无石砾、瓦砾等建筑垃圾和有害物质。如遇积水，及时疏排。

（2）检验土方质量，检查土质是否适合植物生长。

（3）平整场地时应分块整平，结束后要用水准仪对地形高程进行测量，使绿地高程达到设计要求。

3）其他注意事项

平整场地前要做好各级安全交底工作，特别是土方回填要向全体员工做好现场地上、地下障碍物交底。

6.2.2 地形塑造

地形塑造应分两次进行。第一次在乔灌木、竹类、藤本植物栽植以前，第二次在乔灌木、竹类、藤本栽植以后，草地铺设之前。

地形塑造主要是依靠施工图的等高线进行控制，但仍需施工人员根据设计意图现场发挥，而不必完全拘泥于图纸和坐标，不求形似，但求神似。切忌将地形处理成馒头形。在满足排水、适宜植物生长等使用功能的情况下进行地形塑造，如图6-1所示，利用互通营造的微地形起到排水作用，利于苗木成活。

图 6-1　互通微地形排水

施工过程中，尽量避免大型机械入场碾压，这会对土壤的结构和密实度产生影响，不利于日后植物的生长。如确需机械完成，建议使用挖掘机，不使用铲车，以减小碾压的程度。

6.2.3 土壤改良

土壤贫瘠的要采取土壤改良措施，改善土壤性状，提高土壤肥力，以利于植物的生长。

1）降低pH值

土壤pH值宜在5.5~7.5之间。对土壤pH值高于7.5的土壤，可选用下列措施进行改良：

（1）可用酸性有机改良材料如草炭、泥炭、木屑、松针等进行改良为主，也可用无机改良材料如石膏、磷石膏、硫黄粉、硫酸亚铁和过磷酸钙等。

（2）可施用硫酸铵、氯化铵、硫酸钾、氯化钾等生理酸性肥料和过磷酸钙等化学酸性肥料。

（3）可用酸化水浇灌，如灌溉水中加入硫酸亚铁、明矾等酸性化学物质。

2）调节EC（电导率）值

（1）土壤EC值宜在 0.16~0.6ms/cm之间。超出此范围的土壤， 宜采取调节土壤EC值的措施。

（2）增加有机肥或适量的无机肥均可调高土壤EC值。

（3）对于不同原因引起的土壤高EC值，应采取不同措施：

①盐碱地：选择耐盐碱植物；增施有机肥，同时施用石膏、脱硫石膏、磷石膏、硫黄、亚硫酸钙等无机改良剂；增加地表覆盖物；采用灌溉洗盐、深沟排水、平整土地后灌排结合等工程措施。

②因外源施加的物质导致EC过高：需及时切断外源；宜施用低盐分的土壤改良剂如草炭等，也可换土；必要时采取工程措施水洗排盐。

③氯化钠引起的盐分毒害：施用过磷酸钙、石膏和脱硫石膏等来降低钠离子和氯离子的毒害。

3）增加养分

（1）土壤有机质含量应大于或等于17.6g/kg。含量低于17.6g/kg时，应增加土壤有机质。

（2）增施有机肥、绿化用有机基质、腐植酸等肥料或富含养分的土壤改良材料，必要时可增施化学肥料。

（3）提倡利用符合规范要求的土壤调理剂改良土壤。

（4）提倡落叶归根，增加土壤有机质。

（5）提倡绿地种植固氮类植物。

4）土壤质地改良

（1）土壤质地应为砂质壤土、壤土、粉砂壤土、砂质黏壤土、黏壤土或粉砂质黏壤土。土壤过砂或过粘均需进行质地改良。

（2）过砂土壤改良：可用添加有机质或掺入黏性土壤的方法进行改良，也可添加聚丙烯胺等土壤结构改良剂。

（3）过黏土壤改良：施用有机肥或有机基质或掺入中粗沙子或质地轻的物质来改良。

（4）树冠垂直投影内的铺装宜采用通气透水的铺装。

（5）种植过深（超过原根颈高度5cm的）的植物，应铲除土壤直至露出根颈。

（6）土壤质地局部改良：乔木宜选择穴施、环状沟施、辐射状沟施等施肥方式，灌木宜细致松土约10cm，均匀铺放8~10cm沃土、土壤改良剂，增施有机肥等。草坪花卉宜撒施约5cm的沃土、土壤改良剂等。

5）土壤结构性改良

（1）宜增施有机肥或有机基质，或用秸秆、种壳及果壳、有机食品废渣、植物有机废弃物、泥炭、珍珠岩等人工栽培介质改良土壤结构。

（2）防止践踏或适时进行围闭保养。

（3）选择合理翻土时间，勤松土，反复耙碎。

（4）宜有机覆盖物覆盖土壤改良质地。

6）土壤排水改良

（1）宜采用添加沙子、有机肥或有机基质等方式提高土壤排渗能力，降低土壤黏性。

（2）地势低、土壤质地黏重，宜开排水口，完善绿地排水系统。

6.2.4　表土采集与利用

表土是泥土的最高层，土质松软，含水率一般比较大，厚度20~30cm，富含大量的植物种子、根系和腐殖质。表土天然肥力较高，对改良土壤具有重要作用，也可促进项目绿化、美化，降低全寿命周期的绿化维护成本。因此，取、弃土作业前，应全面应用表土剥离技术，先将表土集中堆存，待取、弃土结束后予以利用。

对表土进行统筹回收再利用可为项目正在进行绿化施工的中央分隔带、互通式立交区、沿线附属区（集中居住区、管理中心、服务区）、边坡等区域提供大量的优质绿化土源。同时，在苗木移植过程中可有效提高苗木的成活率。

通过表土的回收利用，减小了项目永久用地占地面积，减少了复垦造地时外调土产生的额外资金投入以及绿化外调土的熟化费用和时间，具有良好的环保效益和经济效益，同时也为建设青山常在、绿水长流、空气常新的美丽中国贡献力量。

6.3 苗木质量标准

6.3.1 苗木

1）品质

所有植物必须健康、新鲜、无病虫害、无缺素症状，生长旺盛而不老化，树皮无人为损伤或虫眼等。严格按设计规格选苗，花灌木尽量选用容器苗，乔木选用假植苗，应保证移植根系完好，带好土球，包装结实牢固，要求施工单位认真选苗，并对苗木进行前期技术处理，以保证苗木符合设计要求。

所有苗木必须严格执行“三证一签”制度，即苗木应具有生产经营许可证、植物产地检疫许可证书、质量检查合格证和种苗标签，禁止使用无证、来源不清、带病虫害的不合格苗木。

2）树冠

所有苗木的树冠应生长茂盛，分枝均衡，整冠饱满，能充分体现个体的自然景观美。棕榈科植物、开花乔木及主景树在种植时必须尽量保留原有的自然生长冠形。

3）高度

植物造景进行高低错落搭配，行道树高差不大于0.5m，且枝下分枝高度高差小于0.2m，力求列植后整齐划一（图6-2）。

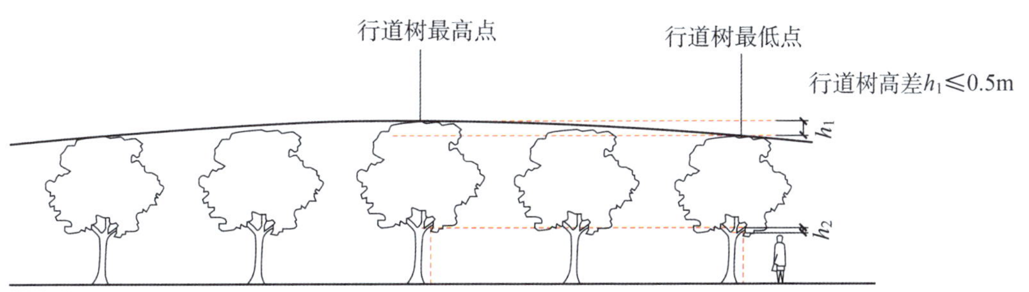

图 6-2　行道树高度要求示意图

6.3.2 选购

（1）对苗木品种与规格进行核计，严格按照设计要求尽量选定同一供应点及同一培育批次的苗木，保证工程用苗规格、树种、尺寸、形状的统一，同时在数量上有盈余。

（2）绿化苗木应根系发达，生长茁壮，无病虫害，规格及形态应符合设计要求。植物冠幅应饱满，冠型边缘无明显缺失，内膛枝饱满。不选用折枝折干、树皮破伤（钉孔、破皮）、树型不端、树冠稀疏偏斜及畸形的苗木。乔木宜选择成活率高的假植苗（图6-3）或全冠苗（图6-4），不采用地苗（图6-5），禁用截干苗（图6-6）。

图 6-3　假植苗

图 6-4　全冠苗

图 6-5　地苗

图 6-6　截干苗

（3）苗木出圃时的土球起挖规格不符合规范要求，或土球包装松散者，影响移植后成活率，不宜使用。假植苗穿根成了地苗或半地苗（图6-7），影响移植后成活率，不宜使用。

图 6-7　土球松动、断主根，不选用

（4）对于重要乔木（点景乔木、特选乔木、行道树）的选择，建设、监理、施工单位三方应共同现场确认，不得随意更换。其他的苗木可图片确认，定标进场。

6.3.3 土球

为保证树木移植成活及迅速恢复生长，所带土球放于植穴内时完好不散为合格。如苗木为假植苗或容器苗，可在保证苗木正常移植成活和迅速生长的前提下，据实确定所带土球规格，由于土球规格还与苗木生长状况及施工季节因素有关，因此，苗木表中不作具体规定，应以确保植物成活为标准。土球规格参考表6-1。

土球规格参考　　表6-1

树木胸径（cm）	土球规格		
	土球直径（cm）	土球高度（cm）	留底直径
10~12	胸径 8~10 倍	60~70	土球直径的 1/3
13~15	胸径 7~10 倍	70~80	土球直径的 1/3
16~18	胸径 7~10 倍	80~90	土球直径的 1/3
19~20	胸径 6~10 倍	85~95	土球直径的 1/3
21 以上	胸径 6~10 倍	95 以上	土球直径的 1/3

树穴挖好后、苗木种植前，应对穴内及苗木土球进行消毒（图6-8、图6-9）。栽种前应去除土球不易降解的包装物，使其新根扎土生根。

图 6-8　土球消毒

图 6-9　树穴消毒

6.3.4 起挖

1）起挖前

为确保苗木成活，起苗时应保留较多的根系，尽量避免损伤苗木根系。一般在苗木起挖前的1~2d施行根部灌水，灌水时间与水量视天气及土壤干湿状况而定。起苗前还需充分安排好工具、设备、人力和运输车辆，要求做到随挖、随运、随种植。所有苗木起挖与种植要保持循序进行，避免种植滞缓，确保苗木移植过程不超过24h。

2）起挖时

苗木挖掘时要注意保护土球和断过根的苗木新发须根。挖掘所用的工具要锋利。尽量在阴凉、风小天气时进行挖掘，且时间应连续紧凑。主根断根前先打好土球腰箍，以免切断主根时导致泥球掉土松裂。一般乔木，土球直径为苗木直径的8倍，土球厚度为土球直径的0.6~0.75倍，土球用草绳密绕网络包扎。大规格带土球苗在起苗时应用绳子捆绑枝条，减小树冠体积，以便运输。不带土球的裸根树苗应采取根部沾泥浆措施，保持苗木根系湿润。

3）起挖后

苗木起挖后，应根据不同种类的苗木生理特性立即采取相应的修枝打叶措施，防止叶面蒸腾失水过快而影响成活，并在切口上涂蜡。

6.3.5 包装

（1）对苗木进行周密细致地包装，能尽量减少苗木水分的流失和蒸发，可以较长时间地保持苗木水分平衡，为苗木储藏、运输创造较好的保水环境，尽量延长苗木活力，提高苗木成活率。

（2）对于落叶、阔叶树种的苗木，一般可以直接起裸根苗。包装材料可选择蒲包、稻草包、聚乙烯袋、牛皮纸袋、化纤编织袋、涂过沥青的麻袋等。

（3）对于常绿、阔叶树种的大苗木要求带土球运输。苗木根部预留土球的大小应该根据树种及规格而定，一般按胸径的6~8倍确定。为了减少根系水分蒸发，防止土球碎裂，挖出土球后要立即用蒲包、草包和草绳等进行单株包装。

（4）运输盒装小苗时，可以采用湿润的水苔分层覆盖，同时要在包装盒上打通气孔，否则，会因苗木个体大量聚集，空气无法流通，热量难以散发，引起生物热烧苗，造成不必要的损失。

6.3.6 运输和假植

（1）苗木装运前应仔细核对苗木的品种、规格、数量、质量。

（2）苗木运输量应根据现场栽植量确定，苗木运到现场后应及时栽植，随运输、随种植，以减少暴露时间，确保当天栽植完毕。

（3）运输吊装苗木的机具和车辆的工作吨位，必须满足苗木吊装、运输的需要，并应制订相应的安全操作措施。

（4）土球苗木装车时，应按车辆行驶方向，将土球向前，树冠向后码放整齐（图6-10）。装车后应将树干树枝捆牢，并加垫层保护，防止磨损树干。

（5）裸根苗木运输或苗木长途运输时，应进行覆盖（图6-11），保持根部湿润。装车、运输、卸车时不得损伤苗木。

图 6-10　运输规范摆放

图 6-11　苗木运输遮阳措施

（6）苗木运到现场，如当天不能及时栽植的应进行假植。假植应符合下列规定：

①裸根苗可在栽植现场附近选择适当地点，根据根幅大小，挖假植沟假植。假植时间较长时，根系应用湿土埋严，不得透风，根系不得失水。

②带土球苗木的假植，可将苗木码放整齐，土球四周培土，喷水保持土球湿润。

6.4 苗木种植

6.4.1　种植穴开挖标准

（1）挖种植穴槽前，施工单位应调查附近所设地下管线标志，并联系有关单位了解地下管线设施情况，避免开挖过程中损伤管线设施。

（2）各树木定点遇到障碍物时，应与设计单位取得联系，进行适当调整。

（3）各种树木种植的位置必须准确，挖掘种植穴时，按图进行定点放线。属于规则式种植时，树穴要排列整齐。属于自然式种植时，树穴要保持自然，力求达到设计的配置艺术要求。

（4）挖种植穴、槽的大小，应根据苗木根系、土球直径和土壤情况而定。穴、槽必须垂直下挖，上口下底相等，规格应符合国家有关规定。一般乔木种植穴尺寸比土球直径大40~60cm和深10~20cm。树穴的形状一般为圆形及方形，保证上下口径大小一致，垂直开挖。植物种植坑规格参考表6-2。

（5）栽植穴、槽挖出的表层土和底土应分别堆放，底部应施基肥并回填表土或改良土。

（6）栽植穴、槽底部遇有不透水层及重黏土层时，应进行疏松或采取排水措施。

植物种植坑规格 表6-2

乔木胸径（cm）	—	—	—	3~5	5~7	7~10
灌木高度（m）	—	—	1.2~1.5	1.5~1.8	1.8~2.0	2.0~2.5
常绿树高度（m）	—	1.0~1.2	1.2~1.5	1.5~2.0	2.0~2.5	2.5~3.0
坑径 × 坑深（cm）	25 × 20	50 × 30	50 × 40	60 × 50	80 × 60	90 × 70

6.4.2 修剪标准

1）乔木类修剪

（1）落叶乔木修剪。

①对于具有主干明显的落叶乔木，应在保持原有主尖和树形的基础上，适当疏枝，对保留的主侧枝应在健壮芽上部短截，可剪去枝条的1/5~1/3。

②对于无明显主干、枝条茂密的乔木，可对主枝的侧枝进行短截或疏枝并保持原树形。

③行道树乔木定干高度宜为2.8~3.5m，第一分枝点以下枝条应全部剪除，同一条道路上相邻树木分枝高度应基本统一。

（2）常绿乔木修剪。

①常绿阔叶乔木具有圆头形树冠的可适量疏枝；枝叶集生树干顶部的苗木可补修剪；具有轮生侧枝，作行道树时，可剪除基部2~3层轮生侧枝。

②松树类苗木宜以疏枝为主，应剪去每轮中过多主枝，剪除重叠枝、下垂枝、内膛斜生枝、枯枝及机械损伤枝；修剪枝条时基部应留1~2cm木橛。

③柏类苗木不宜修剪，具有双头或竞争枝、病虫枝、枯死枝应及时剪除。

2）灌木及藤本类修剪

（1）有明显主干型灌木，修剪时应保持原有树型，主枝分布均匀，主枝短截长度宜不超过1/2。

（2）从枝型灌木预留枝条宜大于30cm，多干型灌木不宜疏枝。

（3）绿篱、色块、造型苗木、在种植后应按设计高度整形修剪。

（4）藤本类苗木应剪除枯死枝、病虫枝、过长枝。

6.4.3 种植工艺

1）乔木种植工艺

（1）采用起重机种植时，绑吊带位置须包裹垫物，以免树皮受损（图6-12）。

（2）调整就位后应及时回填土并安放透气管（图6-13），以利苗木生根。

图 6-12　乔木吊装

图 6-13　埋设透气孔

（3）带土球树木种植前应去除不易降解的包装物。树木栽植后可在栽植穴直径周围筑高10~20cm围堰（图6-14），随即浇透水后封堰，后续根据情况及时补水。

图 6-14　栽植穴围堰

（4）种植苗木深浅应适合。一般苗木应与原土痕持平，常绿乔木种植时土球应与地面平或略高于地面5cm。除特殊景观树外，树木栽植应保持直立，不得倾斜，并注意观赏面的合理朝向。

（5）乔木种植后，应在根部灌生根液（粉），按照说明配制，浓度符合要求，随种随施，促进苗木生长。

（6）乔木种植完成当天须浇灌一次“定根水”，并应一次浇透，可采用水管插入树穴使水充分流入。

2）竹类种植工艺

（1）竹类品种、规格应符合设计要求。

（2）放样定位应准确。

（3）栽植地应选择土层深厚、肥沃、疏松、湿润、光照充足、排水良好的壤土。

（4）竹类栽植地应进行翻耕，深度宜为30~40cm，清除杂物，增施有机肥，并做好隔根措施。

（5）栽植穴的规格及间距可根据设计要求及竹蔸大小进行挖掘，丛生竹的栽植穴宜大于根蔸的1~2倍；中小型散生竹的栽植穴规格应比鞭根长40~60cm，宽40~50cm，深20~40cm。

（6）竹类栽植，应先将表土填于穴底，深浅适宜，拆除竹苗包装物，将竹蔸入穴，根鞭应舒展，竹鞭在土中深度宜为20~25cm；覆土深度宜比母竹原土痕高3~5cm，进行踏实及时浇水，渗水后覆土。

3）灌木种植工艺

（1）栽植前要定点放线，位置要准确，标记要明显。

（2）苗木起苗后至种植，裸根苗应尽量降低暴露时间，超过暴露时间不能及时种植时，应用湿润土壤埋填根系，假植储存苗木。

（3）种植的深浅应适合，一般与原土痕平或略高地面5cm左右。

（4）栽植24h内浇第一遍水，此次水量不宜过大、应浇透。

4）水生植物种植工艺

（1）种植地的要求。

①挺水、浮叶、漂浮植物应种植在光照充足的区域；沉水植物种植区应确保3h 以上光照。

②挺水、浮叶植物宜选择肥沃、疏松的壤土，pH值以6.0~8.5之间为宜。种植前对土壤应进行消毒。种植土厚度不小于30cm。

③沉水植物底泥厚度要求在20cm以上，质地以松软为好，肥力中等以上。

（2）隔离及围护措施。

在湖泊、河塘等区域种植挺水、浮叶植物，宜采取隔离围栏，减少来自鱼类的危害，减缓船行波对植物和土壤的冲刷。

沉水植物种植初期应采取隔离及围护措施，一是减少食草性鱼类的危害，二是控制沉水植物无序蔓延，确保其景观效果。

为防止漂浮植物无序漂移和蔓延生长，须采用围护把漂浮植物限制在一定范围内，围护的高度应根据植物体大小、水体表面流速性大小和风浪高低等指标确定，一般在5~20cm之间。

（3）种植密度。

水生植物栽植的品种和单位面积栽植密度应符合设计要求。

（4）种植水深。

新建水体，未注入水之前可种植挺水植物、浮叶植物。种植后注入低水位，促使植物快速生长，以后逐渐提高至设计水位。主要水湿生植物最适栽培水深见表6-3。

主要水湿生植物最适栽培水深　　表6-3

序号	名　称	类　别	栽培水深（cm）
1	千屈菜	水湿生植物	5~10
2	鸢尾（耐湿类）	水湿生植物	5~10
3	荷花	挺水植物	60~80
4	菖蒲	挺水植物	5~10
5	水葱	挺水植物	5~10
6	慈姑	挺水植物	10~20
7	香蒲	挺水植物	20~30
8	芦苇	挺水植物	20~80
9	睡莲	浮水植物	10~60
10	芡实	浮水植物	＜100
11	菱角	浮水植物	60~100
12	荇菜	漂浮植物	100~200

原有水体如有条件，种植时可适当降低水位，随植物的生长逐渐提高水位。

（5）种植方法。

①水湿生植物栽植地的土壤质量不良时，应更换合格的栽植土，使用的栽植土和肥料不得污染水源。

②栽植槽的材料、结构、防渗应符合设计要求。

③槽内不宜采用轻质土或栽培基质。栽植槽土层厚度应符合设计要求，无设计要求的应大于50cm。

④种苗随到随种，若不能及时种植，应先覆盖、假植或浸泡在水中储存。

⑤漂浮植物种植时应将种苗均匀放置于水体表面，轻拿轻放，确保根系完整，叶面完好，切忌将植物体重叠、倒置，水位宜控制在10cm 以上。

5）地被种植工艺

地被花卉栽植应按照设计图定点放线，在地面准确画出位置、轮廓线。花卉栽植面积较大时，可用方格线法，按比例放大到地面。地被花卉栽植应符合下列规定：

（1）花苗的品种、规格、栽植放样、栽植密度、栽植图案均应符合设计要求。

（2）株行距应均匀，高低搭配应恰当。

（3）栽植深度应适当，根部土壤应压实，花苗不得沾泥污。

（4）花苗应覆盖地面，成活率不应低于95%。

6）草坪铺植工艺

（1）草坪铺设的间隙，设计图纸有要求的按照设计图纸，设计没要求的铺设间隙宜为1~2cm，块缝力求错开（图6-15、图6-16）。

图 6-15　大叶油草铺设

图 6-16　台湾草铺设

（2）铺设前应先浇水浸土，务必精细整平、保持适当排水坡度，如图6-17a)所示。

a)

b)

图 6-17　草地保持适当排水坡度，忌坑洼积水

（3）铺草皮时，铺设草皮应相互衔接，高度一致，避免后续杂草丛生。除平铺外，在边坡较高较陡之处也可铺植，即自坡脚处向上钉铺，用小尖木桩或竹签将草皮钉固于边坡上。

（4）与缘石交接处，草坪基层可按低于缘石2~3cm控制。

（5）铺植后应进行喷灌浇水。

7）花草种撒播工艺

（1）花草种撒播应在无风天气进行，避免干燥和暴雨季播种。

（2）为使草籽均匀分布，草籽应掺加细砂或细土，搅拌均匀后播撒、覆土，再覆盖无纺布，使土壤保持湿润和适宜草籽生长的温度，促进草籽尽快发芽生长。

6.5 苗木支撑

6.5.1 支撑材料

（1）支撑杆。

①杉木杆、松木杆、桉树杆。

②竹杆：小规格苗木，或不受大风影响的区域，可优先选用成本较低的竹杆。

③镀锌钢管：在瞬间风力超过8级的区域，或种植大型苗木（胸径 30cm，高度超过 8m）时可选用钢管支撑。

④新型材料：高脂聚物材料支撑、给力支撑（杆身上部分为木材，下部分为钢铁）。

（2）锚桩。

（3）绑扎材料。

常用绑扎材料有：扎篾、铁丝（一般选用 12~14 号）、麻绳，新型支撑有配套的简易绑扎带。

（4）垫衬物。

垫衬物即支撑杆与苗木接触处起缓冲作用的物品。常用垫衬物有麻布、无纺布、无纺布+包装棉。

（5）连接件。

镀锌钢管常用脚手架扣件，新型支撑配套使用的有套环、套头。

6.5.2 支撑方式

（1）“n”字支撑：包括单“n”字支撑（图6-18）和双“n”字支撑（图6-19）。

图 6-18　单“n”字支撑

图 6-19　双“n”字支撑

（2）三角支撑：如图6-20所示。

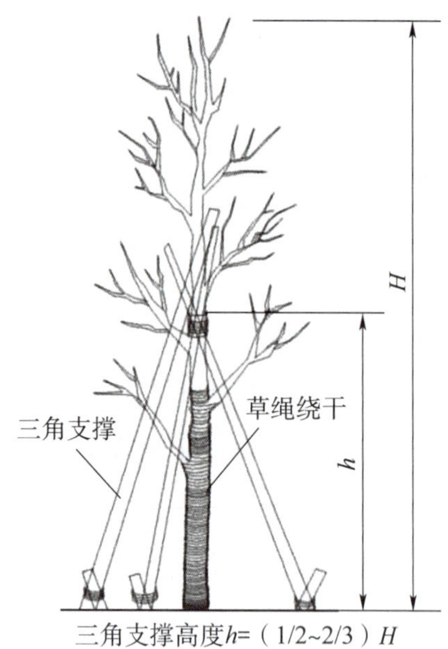

图 6-20　三角支撑

（3）四角支撑：包括简易支撑（图6-21）和井字支撑（图6-22）。

图 6-21　简易四角支撑

图 6-22　井字四角支撑

（4）钢/铁丝拉线支撑。

（5）特殊支撑。

①两杆支撑：为防止苗木向一侧倾倒所选用的临时支撑。

②网状支撑（图6-23）：成片种植或假植的较大乔木或竹类，采用水平支撑的支撑方式。

③多角支撑：为提升支撑强度，采用超过5根支撑杆或多层支撑架的支撑方式。

图 6-23 网状支撑

6.5.3 支撑注意事项

（1）相同树径的乔木使用的支撑须有统一的高度、角度和材质，撑杆的直径应均匀或至少接近。

（2）行道树种植均需采用四角支撑；非列植小苗木采用三角支撑。

（3）一般苗木支撑点应在苗高的1/2 处，特大规格苗木支撑应在苗高2/3 处，特殊情况具体处理。

（4）当出现苗高在6m以上、树冠较大、栽植位置土壤松软、风力较大等情况时，应采用套橡胶保护套的钢丝绳拉设加固支撑。

（5）不得使用钉子进行固定支撑，损伤树木。

6.6 大树移植

6.6.1 大树的定义

胸径在 20cm 以上（含 20cm）的树木，称为大树。

6.6.2 大树移植前的准备工作

（1）调查待移植树木的生物学特性及生态学特征，如树木的种类、树龄、树高、树径、冠幅、树形以及树木来源地的生长立地类型等，在调查的基础上进行登记、分类、编号，慎重确定是否适合进行移植。

（2）对迁入地周围的立地环境做详细考察，根据土壤质地、土层厚薄、可携带土球的大小，调运机械进出的通道、周边障碍物等，做出详尽而合理可行的计划。此外，还必须考虑栽植地点的立地状况和施工条件，以尽可能和树木原生地的立地环境条件相似，便于施工养护。

（3）应选择树体生长正常、无严重病虫感染以及未受严重机械损伤的树木，选定后对树干生长朝向做出明显的标记，以便移植时确定方位。对于在初冬移植的大树，经过春天的萌芽，对于骨架保留完整、长势比较理想的大树，可与小乔及灌木合理搭配后作为视线焦点。

（4）在目前的绿化施工需求中，随着大树移植的技术进步和机械设备的性能提高，虽然移植时间的跨度越来越大，但最佳移植时间的选择仍应受到重视，因其不仅可以有效降低移植成本，而且可以有效提高大树移植成活率，方便日后的正常养护管理。

①春季移植：早春树体萌芽前是大树移植的最佳时期，此期树液开始流动、枝叶尚未萌芽生长，树体蒸腾量较小、根系挖掘时损伤的根系容易愈合、再生，树体能够及时恢复水分代谢的平衡。

②夏季移植：夏季树体蒸腾量较大，可采取加大土球、加强修剪、树体遮阴等减少枝叶水分蒸腾的移植措施。

③秋冬移植：秋末及冬初，随着温度的下降，蒸腾量降低，移栽过程中树木不易失水，成活率相对较高。图6-24及图6-25所示是冬初移植的大叶榕及鸡冠刺桐实景。

图 6-24　移植的大叶榕实景

图 6-25　移植的鸡冠刺桐实景

（5）为提高大树移植的成活率，可在移植前采取适当的技术措施，以促进吸收根系的增生，为其后的移植施工提供方便。

①切根处理。

大树移植成功与否，很大程度上取决于所带土球范围内的吸收根数量和质量。为此，在移植大树前采取断根缩坨（回根、切根）的措施，使主要的吸收根系回缩到主干根基附近，可以有效缩小土球体积、减轻土球重量，便于移植。

具体做法为：在移植前1~3个月的春季或秋季，以树干为中心、3~4倍胸径为半径画圆或方形，挖掘时如遇较粗的根，用锋利的修枝剪或手锯切断使之与沟的内壁齐平，并在切口涂抹0.1%（100×10^{-6}）的生长素（萘乙酸等），以利于促发新根，其后用拌和着肥料的泥土填入并夯实，定期浇水，正常情况下经2~3个月，环沟中长满须根后即可起挖移植。

在气温较高的季节，有时为突击移植，在第一次断根数月后即起挖移植：通常以距地面20~40cm处树干周长为半径挖环形沟（深60~80cm），沟内填稻草、土壤至满后浇水，相应修剪树冠；但须保留两段约占1/4的沟段不挖，以便能有足够的根系继续吸收养分、水分，供给树体正常生长。40~50d后新根长出，即可掘树移植。

②平衡修剪。

大树移植时因树木的根系损伤严重，因此，必须对树冠进行修剪，以减少枝叶蒸腾、获得树体水分的平衡。修剪强度则根据树种的不同、栽植季节的变化、树体规格的大小、生长立地条件及移植后采取的养护措施与提供的技术保证来决定，修剪时应尽量保持树木的冠形、姿态等景观指标。萌芽力强、树龄老、规格大、叶薄稠密的树体可强剪，萌芽力弱的常绿树宜轻剪，落叶树在萌芽前移植可尽量不剪。通常在保持树冠基本外形的基础上修剪1/3枝叶的强度，对在高温季节移植的落叶阔叶树木则需修剪60%以上的枝叶。目前国内大树移植主要采用的树冠修剪方式有：

a.全冠式：尽量保持树木的原有树冠、树形，原则上只将徒长枝、交叉枝、病虫枝、枯弱枝及过密枝剪除，尤为适用萌芽力弱的常绿树种。

b.截枝式：只保留到树冠的一级分枝，将其上部截除，多用于生长速率和发枝力中等的树种。此法可有效提高移植成活率，但对树形破坏严重，应控制使用。

c.截干式：只保留一定高度的主干，将整个树冠截除，可用于生长速率快、发枝力强的树种。虽然这可以大大提高移植成活率，但无论从景观上还是生态上都会带来许多不良后果，目前在园林绿化工程中已被逐步放弃，但在抢救性移植保护中仍不失为有效措施。

6.6.3 大树的挖掘及包装

（1）大树挖掘前将树干周围2~3m范围内的碎石、瓦砾、灌木地被等障碍物清除干净，将地面大致整平，为顺利起掘提供条件；其后，在起掘前1~2d根据土壤干湿情况适当浇水，以防挖掘时土壤过干而导致土球松散；再后，合理安排运输路线，准备好挖掘工具、包扎材料、吊装机械以及运输车辆等。

（2）针叶常绿树、珍贵树种、生长季移植的阔叶乔木必须带土球（土台）移植。树木胸径20~30cm 时，可采用土球移栽，进行软包装。当树木胸径大于30cm 时，可采用土台移栽，用箱板包装，并应符合下列要求：

①挖掘高大乔木前应先立好支柱，支稳树木。

②挖掘土球、土台应先去除表土，深度接近表土根。

③土球规格应为树木胸径的6~10倍，土球高度为土球直径的2/3，土球底部直径为土球直径的1/3；土台规格应上大下小，下部边长比上部边长少1/10。

④树根应用手锯锯断，锯口平滑无劈裂并不得露出土球表面。

⑤带土球软材包装：适于移植胸径20~30cm 的树木。起掘前，以胸径6~8倍为所带土球直径划圈，沿外缘挖宽60~80cm×深60~80cm的沟（约为土球直径的2/3）；实施过断根缩坨处理的树木，填埋沟内新根较多，尤以坨外为盛，起掘时应沿断根沟外侧再放宽20~30cm。挖到要求的土球厚度时，用预先湿润过的草绳采用橘子扎法包扎；亦可用简便、低廉的蒲包片、麻袋片等软材网络式包扎，但抗震性能不太理想，土球容易松散。

⑥带土球方箱包装：适于移植胸径30cm以上、土球直径超过1.4m的树木，可确保安全吊运。以树干为中心、以树木胸径的6~10倍为标准划正方形，沿划线的外缘开沟，沟宽60~80cm、沟深与留土台高度相等，土台规格可达2.2m×2.2m×0.8m。修平的土台尺寸稍大于边板规格，以保证边板与土台紧密靠实；每一侧面都应修成上大下小的倒梯形，一般上下两端相差10~20cm。然后用4块专制的箱板夹附土台四侧，用钢丝绳或螺栓将箱板紧紧扣住土块，而后将土块底部掏空，附上底板并捆扎牢固。

⑦土球直径1m以上的应做封底处理。

⑧土台的箱板包装应立支柱，稳定牢固，并应符合下列要求：

a.修平的土台尺寸应大于边板长度5cm，土台面平滑，不得有砖石等突出土台；

b.土台顶边应高于边板上口1~2cm，土台底边应低于边板下口1~2cm；边板与土台应紧密严实；

c.边板与边板、底板与边板、顶板与边板应钉装牢固无松动；箱板上端与坑壁、底板与坑底应支牢、稳定无松动。

（3）带土球的树木可适当疏枝，裸根移植的树木应进行重剪，剪去枝条的 1/2~2/3。针叶常绿树修剪时应留1~2cm木橛，不得贴根剪去。

6.6.4 大树移植的吊装运输

（1）大树吊装、运输的机具、设备必须满足吊装、运输的需要，并应制订相应的安全操作措施。

（2）吊装、运输时，应掌握正确的吊装、运输方法以免损伤树皮和松散土球。吊绳应直接套住土球底部，亦可一端吊住树干重心处：准备1根大于土球周长4倍以上的阔幅尼龙带，交叉穿过土球底部、拉紧，将两个绳头系在对折处，用起重机挂钩拉紧后起吊上车。

（3）装车前拢冠，以利运输安全，装车时将土球靠近车头厢板，树冠搁置在后车厢板上，使土球成倾斜状，用木楔塞牢。

（4）上车后应及时用软垫层支撑、固定树体，尽量避免在运输路程中产生摇晃、碰撞。

6.6.5 大树移栽时

（1）大树移栽要掌握“随挖、随包、随运、随栽”的原则，移植前应根据设计要求定点、定树、定位。栽植穴应比土球直径大40~50cm，并更换适于树木根系生长的腐殖土或培养土。吊装入穴与一般树木的栽植要求相同，但应尽量考虑树木在原生长地的朝向，以适应光照影响。

（2）定点放线应符合施工图规定。

（3）栽植穴应根据根系或土球的直径加大60~80cm，栽植深度以土球或土台表层高于地表20~30cm为标准，即土球高度的1/3~2/5露出土面，然后围球堆土成丘状，有利于根系伤口的愈合和新根的萌发。

（4）树木栽植入穴后，草绳、蒲包等软扎材料也应尽量拆除；填土时注意不得损伤土球，栽植完毕后在树穴外缘筑一个高30cm的围堰。

（5）栽植深度应保持下沉后原土痕和地面等高或略高，树干或树木的重心应与地面保持垂直。

（6）栽植回填土壤应用种植土，肥料应充分腐熟，加土混合均匀，回填土应分层捣实、培土高度恰当。

（7）栽植后应及时浇透定植水，定植水采取小水浸灌方法，第一次定植水浇透水后，间隔2~3d后浇第二次水，隔一周后浇第三次水；浇完第三次水后即可撤除浇水围堰，并将土壤堆积到树下成小丘状，以免根际集水。

6.6.6 植后养护

（1）设置围栏保护：新植大树的枝梢萌发迟、根系活动弱，养分积累少、组织发育不充实，在人流比较集中或其他易受人为、禽畜损坏的区域，要设置围栏等加以保护。

（2）支撑：栽植后应立即支撑固定，预防树体歪斜。正三角撑最有利于树体固定，支撑点高度在树体2/3处为好，支柱根部应插入土中50cm以上方能固着稳定。井字四角撑具有较好的景观效果，也是经常使用的支撑方法。

（3）裹干：为防止树体水分蒸腾过大，可用草绳等具有一定的保湿、保温性能的软材将树干全部包裹或至一级分枝。裹干处理，一可避免强光直射和干风吹袭，减少树体枝干的水分蒸腾；二可存储一定量的水分，使枝干保持湿润；三可调节枝干温度，减少高、低温对树干的损伤。据研究资料，包裹物阻挡阳光直射木质部可使叶片温度降低1~2℃，并可减少树木的蒸腾。薄膜裹干，不利于被裹枝干的呼吸作用，尤其是高温季节的内部热量难以及时散发，会对树体枝干造成灼伤。

（4）减蒸保湿：生长季移植应搭建遮阳棚，防止树冠经受过于强烈的日晒影响，减少树体水分蒸腾强度。遮阴度为70%左右，让树体接受一定的散射光，以保证光合作用的正常进行。

（5）树盘保护：树盘保护在提高大树移植成活率中具有重要的意义，树盘处理可在根际周围种植红花酢浆草、麦冬、石竹等地被植物，可减少夏季土面水分蒸发，稳定根际土壤温度。

（6）水肥管理：新移植大树的根系吸水功能减弱，对土壤水分需求量较小，只要保持土壤适当湿润即可。夏季需每10~15d浇一次水，喷水时只要叶片和草绳湿润即可，水滴要细、喷水时间不可过长，以免造成根际土壤过湿，影响根系呼吸、新根再生。

一方面要严格控制土壤浇水量，视天气情况、土壤质地谨慎浇水；另一方面，要防止积水，在地势低洼易积水处要开排水沟，保证雨天能及时排水。结合树冠水分管理，每隔20~30d用尿素100mg/L+磷酸二氢钾150mg/L喷洒叶面，有利于维持树体养分平衡；秋后要控制氮肥、增施磷钾肥，并逐步撤除遮阳棚、增强光照，以提高萌发枝干的木质化程度。

6.7 典型边坡工艺

6.7.1 土质边坡

1）普通喷播植草

（1）施工工艺。

坡面整理→机具准备、拌和混合材料→喷射混合材料→覆盖无纺布→养护管理。

（2）技术要点。

①坡面整理：清除坡面杂物、局部平整坡面。

②机具准备、拌和混合材料：准备好粉碎机、搅拌机、空气压缩机、喷射机等机械设备，并根据设计配方将种子、肥料、木纤维、保水剂、黏合剂等材料用搅拌机进行拌和。种子需经纯度检验和发芽试验合格后才可进行催芽准备，催芽准备需在喷播前做好。

③覆盖无纺布：选用16g/㎡的无纺布作为覆盖材料，喷射面层完成后，要及时用无纺布

顺坡从上而下进行覆盖，无纺布之间要搭接重叠10cm左右，并用U形钉或竹木签固定。

④养护管理：苗期养护过程中应及时浇水，以保持喷播基质呈湿润状态，营造种子迅速萌发生长的环境条件。浇水养护应根据天气状况适时进行，浇水时应采用喷雾喷头移动喷洒。当草种萌发生长后，还应专人定期观察生长情况，适时追肥，若发现病虫害要及时防治。

2）三维网客土喷播植草

（1）施工工艺。

边坡处理→挂网→固定→固填土→喷草灌。

（2）技术要点。

①边坡处理：对边坡坡面进行清理浮石、平整处理，处理后的坡面倾斜一致、平整，不可有石头突出和其他杂物存在。

②挂网固定：三维网的铺挂和固定同时进行，边挂边固定。

③挂网技术要求：挖方边坡，三维网（EM4，图6-26）在坡面延伸100cm埋入截水沟或土中，然后自上而下平铺到坡肩，相邻网与网间搭接15cm，网紧贴坡面，无褶皱和悬空现象。

图 6-26　三维网

④固定技术要求：挖方边坡，主锚钉选用直径8mm钢筋做成的U形钉，辅锚钉选用直径6mm的U形钢钉和8号U形铁钉，在坡顶、搭接处采用主锚钉固定，坡面其余部分采用辅锚钉固定。坡顶每个锚钉间距为50cm，坡面每个锚钉间距100cm，U形钢钉的规格与图纸规范要求相符。

⑤回填土：三维网固定后，用黏性土、复合肥或泥炭肥组成的泥浆状混合土注入三维网内，所选用的黏性土应颗粒匀称，呈粉末状，无石头等其他杂物存在，肥料可采用进口复合肥或泥炭肥，要求填土后的坡面平整，无网包外露。

⑥喷播施工：边坡喷播时应采用由纸浆或木质纤维制成的土壤稳定剂和土壤改良剂，

再加入消毒剂和肥料，通过高压喷播机均匀地喷洒于经过处理的边坡上。用于喷播的高压喷播植草机功率不低于20马力[1]，扬程不低于25m，垂直高度超过40m的边坡，在施工时应设增压装置。

⑦绿化植物的配种：坚持草灌结合、冷暖结合的原则，使边坡四季常绿。

3）挂CF网（Coconut Fiber，椰纤维网）喷播植草

（1）施工工艺。

坡面清理→机械液压喷播草籽→挂网固定→营养土喷射→盖膜养护→揭膜→喷水养护。

（2）技术要点。

①坡面清理：坡面应顺直、圆滑、平整且稳定，将坡面不稳定的石块或杂物清除，不得有松石、危石，边坡开挖凸出或凹进均不应大于10cm，否则，应进行坡面处理。每隔20cm沿坡面横向拉槽，槽深8~15cm，坡面清理后喷施杀虫杀菌剂。

②机械液压喷播草籽：将符合要求的草种、纤维、土壤改良剂与复合肥、水等溶于喷播机内经过机械充分搅拌，形成均匀的混合液，采用高压泵将混合液高速均匀喷射到坡面上。喷射施工时，应自上而下对坡面进行喷射，并尽可能保证喷出口与坡面垂直，距离保持在0.8~1m。喷射基材厚度为8cm，并保持喷附面薄厚均匀，应做到经常对基材厚度进行有效整理。

③挂网固定：CF网（图6-27）在坡顶延伸0.5m固定后，紧靠截水沟，然后自上而下平铺至坡底，响铃网与网间搭接宽度至少20cm，网紧贴坡面，无褶皱和悬空现象，然后用椰绳与锚钉绑紧进行固定。

图6-27　CF网

④营养土喷射：CF网挂完后再喷射平均厚度2cm基材覆盖CF网表面。

---

[1] 1马力≈735.5W。

⑤盖膜养护：当天喷播草籽必须当天覆盖无纺布，采用300g/m^{2}的无纺布覆盖好，然后用8号铁线做成的U形钉进行固定，固定间距100cm，喷播后应加强养护。适时适度喷水，无纺布剪口整齐，搭接处适当折边1~3cm，采用8号铁线固定。

⑥揭膜：当幼苗植株长到5~6cm或2~3片叶片时，揭去无纺布。

⑦喷水养护：在养护初期应当保持基材呈湿润状态。喷水设备采用自动喷灌系统喷洒，杜绝高压水头直接喷灌。一般养护期以植物完全覆盖地面为限。

4）其他

个别重要节点一级上边坡点缀栽植勒杜鹃、黄素馨等开花灌木。

6.7.2 土石混杂、硬质土边坡

1）三维网客土喷播植草

参考6.7.1 条第2）款。

2）挂CF网喷播植草

参考6.7.1条第3）款。

6.7.3 石质边坡

1）植生袋绿化防护

适用于垂直或接近垂直的陡峭岩石边坡，尤其是已采取工程防护的方格混凝土框架梁或拱形窗肋式混凝土防护的陡峭岩石边坡。

（1）施工工艺。

材料准备→绿化机制装袋→植生袋堆砌→植生袋加固→养护管理。

（2）技术要点。

①材料准备：包括PVC（poly vinyl chloride，聚氯乙烯）网袋、种植土、有机质、肥料、保水剂和乔、灌、草植物种子等材料准备，可以根据现场边坡条件及时调整植生袋的规格大小。

②绿化基质装袋：将上述材料按设计比例要求在现场混合配料，拌和好后装入PVC网袋中。

③植生袋堆砌及加固：在方格混凝土框架梁内或拱形窗肋式混凝土岩石边坡岩面的凹陷处，由下至上交叉层层堆砌植生袋，在坡面形成一层植生袋面层。

④苗期养护：首先应注意对破损、滑落的植生袋及时补填。其次要根据天气情况及时浇水，保证植生袋萌发植物的水分供应。此外，在施工后两个月及入冬前各施一次肥。在乔灌草植物生长成坪、根系固定之后，可不需再进行日常的人工养护。

2）钻凿种植穴绿化

（1）施工工艺。

坡面清理→钻凿种植穴→填充营养土→种植灌木或攀爬植物→加强养护。

（2）技术要点。

①坡面清理：施工前，对坡面不稳定石块需采取人工清理，同时清理坡面杂物，施工过程中尽量避免对边坡坡体的扰动。

②钻凿种植穴：在斜坡表面钻凿直径约35mm、深约400mm的种植孔。

③填充营养土：种植苗木时要求采用营养土回填，以利苗木正常生长。

④种植灌木或攀爬植物：要求为带土球苗（营养袋苗），种植时间以阴雨无风天气最佳，种植时先填入适量种植土至坑穴底部，然后放置营养袋苗并剪开包装袋，再回填土至坑满并踩踏紧实（注意不要弄碎土球）。

⑤加强养护：种植苗木后要及时加强养护工作，养护内容包括适时浇水、施肥、补植、病虫害防治等。

钻凿种植穴绿化实景如图6-28所示。

图6-28　钻凿种植穴绿化

3）其他

挡墙、路堑挡墙类底部砌种植池，栽植竹类或爬山虎、油麻藤等攀爬藤本。

6.8 环保、水保措施

6.8.1　大气环境的保护措施

（1）对易产生粉尘、扬尘的作业面和装卸、运输过程，施工单位制定操作规程和洒水降尘制度，以减少粉尘扬灰。在个别阶段、旱季和大风季节适当洒水，保持湿度、控制扬尘。

（2）合理组织施工、优化工地布局，使生产扬尘的作业、运输尽量避开敏感点和敏感时段（室外多人群活动的时段）。

（3）对施工便道，定期压实地面和洒水，减少灰尘对周围环境的污染。装卸有粉尘的材料时，采取洒水湿润或遮盖封闭，防止沿途撒漏和扬尘。严格运输管理，做到运输过程不散落；车辆出场冲洗车轮，减少车辆携土，污染道路。

（4）施工现场在施工前做好施工便道的规划和施工，临时施工便道基层要夯实、控制路面扬尘。

6.8.2 噪声环境的保护措施

（1）严格执行《建筑施工场界环境噪声排放标准》（GB 12523—2011），控制和降低施工机械和运输车辆造成的噪声污染。

（2）在各施工阶段尽量选用低噪声的机械设备。设备选型优先考虑低噪声产品，设备底座设置防震基础。

（3）对距离居民区150m以内的工程施工，施工机械或活动若噪声超标而造成环境污染，除抢险施工外，作业时间尽量安排在7：00—12：00和14：00—22：00。

6.8.3 振动环境的保护措施

（1）严格执行《城市区域环境振动标准》（GB 10070—1988）要求。

（2）对施工现场临近的建（构）筑物事先详查、做好记录，对可能造成的危害采取加固等预防措施。其余控制措施与噪声基本相同。

（3）在离施工场地200m内有环境敏感点时，施工作业中会辐射强振动的施工机械在夜间停止施工作业。

6.8.4 固体废物

（1）施工现场应尽量减少土方的堆放时间和堆放量，堆土场周围应加护墙护板。应选择对外环境无影响的出入口、运输路线和运输时间，及时将废弃物运送至规定区域。

（2）剩余料具及时回收、清退。对可再利用的废弃物尽量回收利用。各类垃圾及时清扫、清运，不随意倾倒，每班清扫、每日清运。严禁垃圾乱倒、乱卸或用于回填。

（3）教育施工人员养成良好的卫生习惯，不随地乱丢垃圾、杂物，保持工作和生活环境的整洁。

6.8.5 卫生管理

1）施工区卫生管理

施工现场应天天打扫，保持整洁卫生，场地平整，各类物品堆放整齐，保持道路平坦畅通，无堆放物、无散落物，做到无积水、无黑臭、无垃圾，生活垃圾和建筑垃圾分开堆放并及时清运。

2）生活区卫生管理

制定职工宿舍卫生管理制度，做到天天有人打扫，保持室内窗明地净，通风良好。宿舍内各类物品应堆放整齐，做到整齐美观。

6.8.6 施工区域现场环境及交通维护措施

（1）基础土方外运时，车辆不超载，运出前进行拍土，对车轮进行冲洗，种植土进场时，空车回车前也进行对车轮扫净，严防污染市容。对施工引起的损坏公用道路应及时修复，现场废料、垃圾应及时清理，场地要平整，排水良好，工完料净、场清。

（2）现场施工要充分利用加工场地，降低施工噪声，晚上加班要控制噪声污染和强光污染，不能影响附近居民生活和休息。

（3）土方工程使用道路，应提前与业主协商行车路线和荷载量，在已开通的道路路口处摆放显著标识，提醒过往车辆注意安全。

6.9 交工前养护

树木栽种后必须进行及时合理养护管理才能成活，通常情况下，树木成活率低的原因，主要是栽后养护管护不及时或管护不当。所谓“三分种，七分养”，养护是树木成活的关键因素。

6.9.1 扶正

如果树木刚栽不久出现歪斜，首先应检查根入土的深度，如果栽植较深，应在树木倒向的一侧，根盘以外挖沟至根颈下方，用锹或木板伸到根团以下撬起，向根底塞土压实，扶正即可，大苗扶正培土以后还需设立支架。

6.9.2 浇水

水分供应是否充分、合理、及时是树木成活的关键。浇水需根据植物习性和墒情及时浇水。

一般情况下，在干旱季节，20d左右的时间内，应连续灌水3~4次。第一次灌水应在栽植后立即进行，此次灌水最好浇灌，以利于土壤沉降，使土壤与根系密切结合。干旱季节当发现树叶有轻度萎蔫症状时，可采用喷雾器和喷枪，直接向树冠上方响射，让水滴落在枝叶上。喷水时间一般避开每天气温比较高的时段。对于移栽的大树，有条件的也可在树冠上方安装喷雾装置，必要时还应架设遮阳网（图6-29），以防日晒过强。在多雨季节要特别注意防止土壤积水，应适当培土，使树盘的土面适当高于周围地面。

a)

b)

图 6-29 移栽大树架设遮阳网

6.9.3 复剪

新栽树木虽然已经修剪过，但经过挖掘、装卸和运输等操作，常常受到损伤或因为其他原因部分芽不能正常萌发，导致树木枯梢，应及时疏除或剪至嫩芽、幼枝以上。对于截冠或重剪栽植的树木，因留芽位置不准或剪口芽太弱，适成枯桩或发弱枝，则应进行复剪。修剪的树木伤口应该平滑、干净并进行消毒防腐。对于那些发生萎蔫的树木，若用浇水、喷雾的方法仍不能恢复正常，应再加大修剪强度，甚至去顶或截干，以促进其成活。

6.9.4 浇灌生长素

树木栽完后，发现地下根系恢复很慢，不能及时吸收足够的水分和养分以满足树木生长的需更，可适当浇灌生长素溶液。目前应用最多的是快活林移栽生根粉，目的是刺激树木早发新根，促进代谢平衡。

6.9.5 施肥

在移栽树木的新根未形成和没有较强的吸收能之前，不应施肥。最好等到第一个生长季结束以后进行。此外，还可以进行根外（叶面）追肥，在叶片长至正常叶片大小的一半时开始喷雾，每隔10d喷一次重复4~5次效果较好。早春新栽的树木，在生长季初期，一般都能伸枝展叶，但是其中有一些植株不是真正地成活，而是“假活”，一旦气温升高，常水分流失，这种“假活”植株就会出现萎蔫，若不及时救护，就会在高温干旱季节死亡。因此，新栽树木是否成活至少要经过第一年高温干旱的考验之后才能确定。

6.9.6 其他

结合中耕除草，平整树台；加强病虫害观测，控制突发性病虫害发生，主要病虫害防治应及时；对树木应加强支撑、绑扎及裹干措施，做好防强风、干热、洪涝、越冬防寒等工作。

第 7 章

高速公路绿化验收

7.1 通用验收要求

7.1.1 种植材料质量验收

1）基本要求

（1）植物材料的品种应符合设计要求，严禁带检疫性病、虫害。

（2）植株生长健壮，无老化，无破损；基干通直；主杆不分杈，顶芽无损伤；分枝均匀，株型端正、丰满，冠形完整。嫁接苗接口必须完全愈合，接口平整、牢固。根系发达，土球包装完整。

2）实测项目

（1）植物材料规格的实测项目应符合表7-1的规定。

植物材料规格的实测项目 表7-1

植物材料	项目		允许偏差	检验方法	检验频率
乔木	胸径	＜5cm	−0.2cm	观察或尺量（观察检查和对照图纸、合同、预决算中的植物材料的种类、规格）	（1）大树全数检查。 （2）乔灌木、竹类及造型植物按数量抽查10%，但乔木不少于50株，灌木不少于100株。 （3）藤本按数量抽10%，以10株为1点，总检查数不得少于5点，50株以下的应全数检查。 （4）草皮地被按面积抽查5%，50m² 为一点；草花按面积抽查10%，2m² 为一点
		5~10cm	−0.5cm		
		10~20cm	−1.0cm		
		＞20cm	−1.5cm		
	高度	≤300cm	−30cm		
		＞300cm	−50cm		
	冠幅	≤150cm	−20cm		
		150~250cm	−40cm		
		＞250cm	−60cm		

续上表

<table>
<tr><th>植物材料</th><th colspan="2">项 目</th><th>允许偏差</th><th>检验方法</th><th>检验频率</th></tr>
<tr><td rowspan="6">灌木</td><td rowspan="3">高度</td><td>< 100cm</td><td>-10cm</td><td rowspan="11">观察或尺量（观察检查和对照图纸、合同、预决算中的植物材料的种类、规格）</td><td rowspan="11">（1）大树全数检查。
（2）乔灌木、竹类及造型植物按数量抽查10%，但乔木不少于50株，灌木不少于100株。
（3）藤本按数量抽10%，以10株为1点，总检查数不得少于5点，50株以下的应全数检查。
（4）草皮地被按面积抽查5%，$50m^2$为一点；草花按面积抽查10%，$2m^2$为一点</td></tr>
<tr><td>100~200cm</td><td>-20cm</td></tr>
<tr><td>> 200cm</td><td>-25cm</td></tr>
<tr><td rowspan="3">冠幅</td><td>< 100cm</td><td>-10cm</td></tr>
<tr><td>100~200cm</td><td>-20cm</td></tr>
<tr><td>> 200cm</td><td>-25cm</td></tr>
<tr><td rowspan="2">藤本</td><td rowspan="2">主蔓枝长</td><td>< 50cm</td><td>-3cm</td></tr>
<tr><td>≥ 50cm</td><td>-5cm</td></tr>
<tr><td rowspan="3">草坪</td><td>草皮密度</td><td>≥ 80%</td><td>-5%</td></tr>
<tr><td>草皮纯度</td><td>≥ 95%</td><td>-5%</td></tr>
<tr><td>草籽发芽率</td><td>≥ 90%</td><td>-5%</td></tr>
</table>

（2）植物带土球或根盘的实测项目应符合表7-2、表7-3的规定。

乔木带土球或根盘规格的实测项目　　表7-2

<table>
<tr><th>胸（地）径（cm）</th><th>土球直径（cm）</th><th>土球（根盘）厚度（cm）</th><th>根盘直径（cm）</th><th>备 注</th></tr>
<tr><td>3 以下</td><td>10~30</td><td>10~20</td><td>10~40</td><td rowspan="8">常绿乔木带土球；落叶乔木带根盘，生长期落叶乔木带土球</td></tr>
<tr><td>3~4</td><td>30~40</td><td>20~25</td><td>40~50</td></tr>
<tr><td>4~5</td><td>40~50</td><td>25~30</td><td>50~60</td></tr>
<tr><td>5~6</td><td>50~60</td><td>30~40</td><td>60~70</td></tr>
<tr><td>6~8</td><td>60~70</td><td>40~45</td><td>70~75</td></tr>
<tr><td>8~10</td><td>70~80</td><td>45~50</td><td>75~80</td></tr>
<tr><td>10~12</td><td>80~90</td><td>50~60</td><td>80~85</td></tr>
<tr><td>12 以上</td><td>90~100</td><td>60~70</td><td>85~90</td></tr>
</table>

灌木带土球或根盘规格的实测项目　　表7-3

<table>
<tr><th>冠幅（cm）</th><th>土球直径（cm）</th><th>土球厚度（cm）</th><th>根盘直径（cm）</th><th>备 注</th></tr>
<tr><td>20 以下</td><td>5~10</td><td>5~10</td><td>10~30</td><td rowspan="6">常绿灌木、生长期落叶灌木带土球，非生长期落叶灌木带根盘（含宿土）</td></tr>
<tr><td>20~40</td><td>10~25</td><td>10~20</td><td>30~40</td></tr>
<tr><td>40~60</td><td>25~40</td><td>20~30</td><td>40~50</td></tr>
<tr><td>60~80</td><td>40~55</td><td>30~40</td><td>50~65</td></tr>
<tr><td>80~100</td><td>55~70</td><td>40~50</td><td>65~80</td></tr>
<tr><td>100 以上</td><td>70~80</td><td>50~60</td><td>80~100</td></tr>
</table>

3）外观鉴定

植物材料工程外观应符合表7-4的规定。

植物材料外观鉴定项目　　表7-4

项　　目		质量要求
乔灌木	树势和生长势	树干挺直（除特殊设计要求外），树冠完整，不脱脚；生长健壮
	病虫害	无病虫害
	土球和裸根树根系	土球完整，包扎牢固，无露出土球的根系；裸根树木主根无劈裂，根系完整，无损伤，切口平整
灌木		生长健壮，枝长具有攀援性，根系发达，枝叶茂密，无病虫害
草坪	草块	草块的尺寸一致，厚薄均匀，杂草不超过 5%
	草根茎	草根茎中杂草不应超过 2%，过长草应修剪；无枯黄、无病虫害；生长势良好
	草种	种子要求纯净，毛粒重符合有关标准，播种前做发芽试验和催芽处理，确定合理的播种量
地被植物		生长茁壮，冠幅完整，根系良好，叶色明显，无损伤，无病虫害

7.1.2　栽植工程质量验收

1）乔灌木种植工程质量验收

（1）基本要求。

种植树木的品种、规格、数量必须符合设计要求，植物种植点放样应按图实施，死亡苗木必须适时补种。

（2）实测项目。

树木种植的实测项目应满足表7-5的要求。

树木种植的实测项目　　表7-5

项次	检查项目	规定值或允许偏差		检验方法	检验频率
1	放样定位	符合设计要求，5% 的设计间距		尺量检查或仪器检测	采用重点抽查和随机抽查相结合。乔木、大灌木按面积或长度抽查 10%。样方面积 25~100m^2（或长度 10~100 m）；绿篱、片植灌木按单元抽查 3~10 个小样方，小样方面积 4~10m^2
2	树穴	符合表 7-6 的规定		尺量检查	
3	树干垂直度	5%		垂线法	
4	成活率	种植季节	≥ 95%	目测	检查全部
		非种植季节	≥ 90%		

（3）外观鉴定。

树木种植工程外观应符合表7-6的要求。

树木种植的实测项目　　表7-6

项次	项　　目	质量要求
1	树穴	符合设计要求；翻松底土，树坑上下垂直
2	定向及排列	树木主要观赏面丰满完整，生长好，姿态美；孤植树木冠幅完整；树木排列的林缘线、林冠线符合设计要求，保持顺直，种植整齐、竖直，小乔木、灌木的枝条不伸出绿化分隔带，无偏冠现象

续上表

项次	项　目	质量要求
3	种植深度	种植深度应符合生长要求，根茎与土壤沉降后的地表面等高或略高
4	土球包装物、培土、浇水	清除土球包装物，分层均匀培土，分层捣实，培土高度恰当，及时浇透水且不积水
5	垂直度、支撑和卷杆	树干或树干重心与地面垂直；支撑应因树、因地设桩或拉绳，树木绑扎处应夹衬软垫，不伤树木，稳定牢固，树木卷杆或扎缚稳定牢固
6	修剪	修除损伤折断的树枝、枯枝断梢、严重病虫枝、徒长枝等；规则式种植、绿篱、球类的修剪整齐，线性顺畅；造型树的造型正确；修剪切口平整，留枝正确，树形匀称

2）草坪、花坛、地被种植工程质量验收

（1）基本要求。

种植种类、品种应符合设计要求；草坪、花卉、地被植物种植成活率以覆盖地面程度或单位面积内成活数为标准。

（2）实测项目。

草坪、花坛、地被植物种植工程应符合表7-7的规定。

草坪、花坛、地被植物种植工程的实测项目　表7-7

项次	检查项目	规定值或允许偏差	检验方法	检验频率
1	放样定位	符合设计	尺量检查或全站仪检测	采用重点抽查和随机抽查相结合。草坪、地被按面积抽查10%样方为一个种植单元或分段分块绿地，样方面积300~500m²，不少于3点。花坛按面积或单元抽查10%，10~20m²，不少于3点。小于100m²应全数检查
2	密度	符合设计	实测	
3	成活率	≥95%	实测	

（3）外观鉴定。

草坪、花坛、地被植物种植工程外观应符合表7-8的规定。

草坪、花坛、地被植物种植工程的实测项目　表7-8

项次	项　目		质量要求
1	土地平整		栽植土土面平整，表土土块粒径应小于2cm，排水坡度适当，无明显的低洼处，无积水，无明显石砾。灰土、沥青、混凝土等杂物；清除杂草、根、茎；无垃圾
2	草坪	籽播或植生带	表层应覆直径为0.5~1.0cm细土，浇足水，压实；出苗均匀，疏密恰当，空秃面积不超过2%，每处空秃面积不超过0.2m²，生长势良好，修剪恰当
		草块移植	满铺草坪留间隙应1~1.5cm，间铺草坪间隙不超过10cm；满铺、间铺和点铺草坪，草块大小基本一致，间隙基本均匀；草块的间隙应用疏松土填平，草块和土壤密结；草坪平整，生长势良好，修剪恰当
		散铺	表层应覆直径1~2cm的良质疏松土；铺草面积应超过30%；草茎疏密恰当，草茎与土壤密结；草坪平整；生长势良好，修剪恰当
		切草边	草坪与树坛、花坛、地被的边缘应切草边，草坪边的边坡角呈45°，深度应10~15cm，线条清晰、顺畅

续上表

项次	项　目	质量要求
3	草本、地被	密度符合设计要求，株行距均匀，高低搭配协调；种植深度适当；根部捣实；草本地被整洁，生长势良好
4	嵌草砖绿化	绿化率达到 30%，草皮铺植略低于嵌草砖，草块铺植大小与嵌草砖空隙大小一致

7.2 中央分隔带绿化种植验收

7.2.1 中央分隔带栽植土及地形工程质量验收

1）基本要求

（1）应回填栽植土，栽植土的厚度应大于60cm。栽植土的酸碱性、排水性、疏松度等应满足植物生态习性的要求。

（2）地形基本平整，回填的栽植土已达到自然沉降的状态，地形高程符合设计要求，地形的造型和排水坡度应符合设计要求（当设计单位对排水坡度没有具体要求时，宜≥5%），无明显的低洼和积水处，基本无积水。

2）实测项目

中央分隔带绿化的实测项目应符合表7-9的规定。

中央分隔带栽植土与地形工程的实测项目　表7-9

项次	检查项目		规　定　值	允许偏差	检验方法	检验频率
1	栽植土深度（回填土）	草坪、花卉、地被植物	30cm	不小于设计值	挖样洞、尺量检查	每 1km 测 50m，连续测量
		小灌木、宿根花卉、藤本	不小于设计值或 30~45cm	–3cm		
		小乔木和大中灌木	不小于设计值或 45~60cm	± 3cm		
2	栽植土土块颗粒直径[a]	小乔木、大、中灌木	≤ 3cm	不大于设计值		
		小灌木、地被植物及宿根花卉	≤ 2cm	不大于设计值		
		草坪、地被	≤ 1cm	不大于设计值		
3	土壤理化性质	pH	5.5~8.3	—	检查土壤的检测报告及观察检查	
		有机质含量	≥ 12g/kg	—		
		密度	≤ 1.35mg/m³	—		

注：[a] 栽植土块径最大尺寸的数量不超过总数量的 5%。

3）外观鉴定

（1）栽植土外观土色无白色盐霜，基本疏松不板结，土块易捣碎，脚踩无下陷。

（2）栽植土整洁，无明显的石砾、瓦砾等杂物。

（3）种植土自然沉降后，种植土与缘石接壤处，应略低于缘石8~10cm，种植土与公路边界线基本平直。

7.2.2 中央分隔带种植材料质量验收

中央分隔带绿化选用植物参考7.1.1条规定的相应植物材料质量验收标准。

7.2.3 中央分隔带栽植工程质量验收

中央分隔带绿化选用植物栽植参考7.1.2条规定的相应植物材料栽植工程验收标准。

7.2.4 中央分隔带交工验收

1）基本要求

（1）中央分隔带的苗木修剪后的高度应为高出路面1.4~1.8m，栽植的株、行距合理，应满足防眩功能要求，不得影响交通安全。

（2）中央分隔带绿化不得遮挡设置于中央分隔带的标志牌，保证在有效距离内可以清晰地识别标志牌。

（3）中央分隔带应进行绿化用土回填，回填土的厚度应大于60cm。

（4）苗木、草坪不得有明显病虫害。

2）实测项目

中央分隔带绿化的实测项目应符合表7-10的规定。

中央分隔带绿化的实测项目　　表7-10

项次	检查项目	规定值或允许偏差	检查方法和频率
1	苗木规格	符合设计要求	皮尺量：每1km测50m，连续测量
2	种植穴规格	符合《园林绿化工程施工及验收规范》（CJJ/T 82）的规定	
3	土层厚度		
4	苗木间距误差率（%）	±5	
5	苗木数量	符合设计要求	目测、计数：每1km随机抽测200m，连续测量
6	苗木成活率（%）		
7	草坪及地被植物覆盖率（%）		

3）外观鉴定

（1）苗木的枝条不得伸出中央分隔带、苗木栽植应整齐、竖直，苗木正常生长。

（2）草坪生长正常。

7.2.5 中央分隔带竣工验收

1）抽查项目

竣工验收时的抽查项目见表7-11。抽查项目的规定值或允许偏差按照本指导手册执行。抽查项目和在交工验收时的其他项目的检测结果，作为竣工验收质量评定的依据。

中央分隔带绿化竣工验收的抽查项目　　表7-11

序号	抽查项目		
1	栽植土及地形工程	栽植土厚度	
2	植物材料及种植工程	树木（含乔木、灌木）	规格
			放样定位
			种植密度
			成活率
			换苗率
		草坪、花坛、草本地被	规格
			放样定位
			密度
			成活率
			换苗率

2）外观检查

基本要求：工程外观存在严重缺陷和安全隐患或已降低服务水平的建设项目不予验收。经整修达到设计要求后方可组织验收。绿化工程外观检查项目及内容见表7-12。

中央分隔带绿化工程质量外观检查　　表7-12

序号	工程类别		检查内容
1	栽植土及地形工程		栽植土的地表平整。地形的造型和排水坡度应符合设计要求，无明显的低洼和积水处
			种植土自然沉降后，种植土与缘石接壤处，应略低于缘石 8~10cm，种植土与公路边界线基本平直
2	植物材料工程		乔灌木树干挺直，树冠完整，不脱脚；生长健壮，无病虫害
			草块杂草不应超过 5%。草根茎中杂草不应超过 2%，过长草应修剪；无枯黄、无病虫害、生长势好
			地被植物苗木茁壮，冠幅完整，根系完好，无损伤，无病虫害
3	植物种植工程	树木种植	树木主要观赏面丰满完整，树干或树干重点与地面垂直，长势好；孤植树木树冠完整；列植树木排列整齐、竖直，小乔木、灌木的枝条不伸出绿化分隔带，无偏冠现象
			规则式种植、片植灌木、球类修剪整齐，线性顺畅；造型树的造型正确；修剪切口平整，留枝正确，树形匀称
		草坪、草花、地被种植	满铺草坪留间隙应为 1~1.5cm，间铺草坪间隙不超过 10cm；满铺、间铺和点铺草坪，草块大小基本一致，间隙基本均匀；草块的间隙应用疏松土填平，草块和土壤密结；草坪平整，生长势良好，修剪恰当

7.3 碎落台绿化种植验收

7.3.1 碎落台栽植土及地形工程质量验收

1）基本要求

（1）原土栽植应对土壤进行深翻细作，翻地深度不应小于30cm，清除石块、残根、杂草，施入基肥。栽植土（原状土、预制回填土、其他添加基质）的酸碱性、排水性、疏松度等应满足植物生态习性的要求。

（2）种植地属岩层、坚土、重黏土等不透气土层或排水不良、不透气的废基（混凝土板带废基应破除），栽植乔木按深1.2m、宽1.0m，灌木按深0.6m、宽0.5m，草坪、草花、地被按深0.3m范围予以清理。

（3）地形基本平整，如回填种植土，要求回填的种植土已达到自然沉降的状态，地形高程符合设计要求，地形的造型和排水坡度应符合设计要求（当设计单位对排水坡度没有具体要求时，宜≥5%），无明显的低洼和积水处，基本无积水。

2）实测项目

碎落台栽植土及地形工程的实测项目应符合表7-13的规定。

碎落台栽植土及地形工程的实测项目　表7-13

<table>
<tr><th>项次</th><th colspan="3">检查项目</th><th>规定值</th><th>允许偏差</th><th>检验方法</th><th>检验频率</th></tr>
<tr><td rowspan="6">1</td><td rowspan="6">栽植土深度（回填土）</td><td colspan="2">草坪、花卉、地被植物</td><td>30cm</td><td>不小于设计值</td><td rowspan="10">挖样洞、观察或尺量检查、翻挖检查</td><td rowspan="10">乔灌木按数量抽查10%，但乔木不少于10株或全数，灌木不少于20株或全数，每株为一个点（片植灌木每500m² 为一个点）</td></tr>
<tr><td colspan="2">小灌木、宿根花卉、藤本</td><td>不小于设计值或30~45cm</td><td>−3cm</td></tr>
<tr><td colspan="2">小乔木和大中灌木</td><td>不小于设计值或45~60cm</td><td>±3cm</td></tr>
<tr><td rowspan="3">大、中乔木</td><td>浅根性</td><td>不小于设计值或60~90cm</td><td>±5cm</td></tr>
<tr><td>深根性</td><td>不小于设计值或90~150cm</td><td>±10cm</td></tr>
<tr style="display:none"></tr>
<tr><td rowspan="4">2</td><td rowspan="4">栽植土土块颗粒直径[a]</td><td colspan="2">大、中乔木</td><td>≤4cm</td><td>不大于设计值</td></tr>
<tr><td colspan="2">小乔木、大、中灌木</td><td>≤3cm</td><td>不大于设计值</td></tr>
<tr><td colspan="2">小灌木、地被植物及宿根花卉</td><td>≤2cm</td><td>不大于设计值</td></tr>
<tr><td colspan="2">草坪、地被</td><td>≤1cm</td><td>不大于设计值</td></tr>
<tr><td rowspan="3">3</td><td rowspan="3">土壤理化性质</td><td colspan="2">pH</td><td>5.5~8.3</td><td>—</td><td colspan="2" rowspan="3">检查土壤的检测报告及观察检查</td></tr>
<tr><td colspan="2">有机质含量</td><td>≥12g/kg</td><td>—</td></tr>
<tr><td colspan="2">密度</td><td>≤1.35mg/m³</td><td>—</td></tr>
</table>

续上表

项次	检查项目		规 定 值	允许偏差	检验方法	检验频率
4	地形相对高程	≤ 100cm	—	± 5cm	用水准仪测量	每 3000m² 抽 查一处，测 3 个点。小于 3000m²，测不少于 6 个点
		101~200cm	—	± 10cm		
		201~300cm	—	± 20cm		
		301~500cm	—	± 30cm		

注：[a] 栽植土块径最大尺寸的数量不超过总数量的 5%。

3）外观鉴定

碎落台栽植土及地形工程外观鉴定参考7.2.1条第3）款的规定。

7.3.2 碎落台种植材料质量验收

碎落台绿化选用植物栽植参考7.1.1条规定的相应植物材料质量验收标准。

7.3.3 碎落台栽植工程质量验收

碎落台绿化选用植物栽植参考7.1.2条规定的相应植物材料栽植工程验收标准。

7.3.4 碎落台交工验收

1）基本要求

（1）碎落台绿化区域应进行绿化用土回填，回填土的厚度应大于30cm。

（2）草坪、苗木不得有明显病虫害。

2）实测项目

碎落台绿化交工验收的实测项目应符合表7-14的规定。

碎落台绿化交工验收的实测项目　　表7-14

项次	检查项目	规定值或允许偏差	检查方法和频率
1	苗木规格	符合设计要求	钢尺量：每 1km 随机抽测 50m，连续测量
2	种植穴规格	符合《园林绿化工程施工及验收规范》（CJJ/T 82）的规定	
3	土层厚度		
4	苗木数量	符合设计要求	目测、计数：每 1km 随机抽测 200m，连续测量
5	种植密度		
6	苗木成活率（%）		
7	草坪等地被植物覆盖率（%）		

3）外观鉴定

（1）苗木的枝条不得伸出路侧，苗木栽植应整齐、竖直，正常生长。

（2）草坪生长正常。

7.3.5 碎落台竣工验收

1）抽查项目

碎落台竣工验收时的抽查项目见表7-15。

碎落台绿化竣工验收抽查项目　　表7-15

<table>
<tr><th>序号</th><th colspan="3">抽查项目</th></tr>
<tr><td rowspan="2">1</td><td rowspan="2">栽植土及地形工程</td><td colspan="2">栽植土厚度</td></tr>
<tr><td colspan="2">地形相对高程</td></tr>
<tr><td rowspan="15">2</td><td rowspan="15">植物材料及种植工程</td><td rowspan="5">树木（含乔木、灌木）</td><td>规格</td></tr>
<tr><td>放样定位</td></tr>
<tr><td>种植密度</td></tr>
<tr><td>成活率</td></tr>
<tr><td>换苗率</td></tr>
<tr><td rowspan="5">草坪、花坛、草本地被</td><td>规格</td></tr>
<tr><td>放样定位</td></tr>
<tr><td>密度</td></tr>
<tr><td>成活率</td></tr>
<tr><td>换苗率</td></tr>
<tr><td rowspan="5">攀援、悬挂植物</td><td>规格</td></tr>
<tr><td>放样定位</td></tr>
<tr><td>密度</td></tr>
<tr><td>成活率</td></tr>
<tr><td>换苗率</td></tr>
</table>

2）外观检查

基本要求：工程外观存在严重缺陷和安全隐患或已降低服务水平的建设项目不予验收。经整修达到设计要求后方可组织验收。

碎落台绿化工程外观检查项目及内容见表7-16。

碎落台绿化竣工验收外观检查项目及内容　　表7-16

<table>
<tr><th>序号</th><th>工程类别</th><th>检查内容</th></tr>
<tr><td rowspan="3">1</td><td rowspan="3">栽植土及地形工程</td><td>栽植土的地表平整。地形的造型和排水坡度应符合设计要求，无明显的低洼和积水处，花坛无积水</td></tr>
<tr><td>栽植土整洁，无大于3cm粒径的石砾、瓦砾等杂物，小于3cm粒径的石砾、瓦砾等杂物每100m² 应少于10块。花坛基本无石砾、瓦砾等杂物（特殊绿地的含量按设计要求）</td></tr>
<tr><td>栽植土与道路（挡土墙或挡土侧石）接壤处，栽植土应略低于3~5cm，栽植土与公路边界线平直</td></tr>
</table>

续上表

<table>
<tr><th>序号</th><th>工程类别</th><th colspan="2">检查内容</th></tr>
<tr><td rowspan="4">2</td><td rowspan="4">植物材料工程</td><td colspan="2">乔灌木树干挺直（除设计特殊要求外），树冠完整，不脱脚；生长健壮；无病虫害</td></tr>
<tr><td colspan="2">藤本生长健壮，枝长具有攀援性，枝叶茂密，无病虫害</td></tr>
<tr><td colspan="2">草块杂草不应超过 5%。草根茎中杂草不应超过 2%，过长草应修剪；无枯黄、无病虫害、生长势好</td></tr>
<tr><td colspan="2">地被植物苗木茁壮，冠幅完整，根系完好，无损伤，无病虫害</td></tr>
<tr><td rowspan="5">3</td><td rowspan="5">植物种植工程</td><td rowspan="2">树木种植</td><td>树木主要观赏面丰满完整，树干或树干重点与地面垂直，长势好；孤植树木树冠完整。
列植树木排列整齐、竖直，小乔木、灌木的枝条不伸出绿化分隔带，无偏冠现象</td></tr>
<tr><td>规则式种植、片植灌木、球类修剪整齐，线性顺畅；造型树的造型正确；修剪切口平整，留枝留梢留叶正确，树形匀称</td></tr>
<tr><td>草坪、草花、草本地被种植</td><td>满铺草坪留间隙应为 1~1.5cm，间铺草坪间隙不超过 10cm；满铺、间铺和点铺草坪，草块大小基本一致，间隙基本均匀；草块的间隙应用疏松土填平，草块和土壤密结；草坪平整，长势良好，修剪恰当</td></tr>
<tr><td>嵌草砖</td><td>绿化率达到 30%，草皮铺植略低于嵌草砖，草块铺植大小与嵌草砖空隙大小一致</td></tr>
<tr><td>攀援、悬挂植物</td><td>长势良好，枝叶茂盛。用于攀援绿化的挂网需牢固安装在立面上，挂网与挂网之间互相搭接，不留间隙</td></tr>
</table>

7.4 路堑边坡种植验收

7.4.1 路堑边坡栽植土及地形工程质量验收

1）基本要求

（1）原土种植时，栽植土应满足植物生长的最小土层深度要求，并能满足植物的生长。土壤养分条件应能满足植物生长需求。

（2）边坡栽植基层处理应保证稳固安全，清除坡面淤积物、浮石等不稳定物体，同时应打掉突出岩石。

（3）边坡绿化提倡新材料、新技术的应用，新材料、新技术应用施工时须符合设计要求。

2）实测项目

路堑边坡土壤理化性质参考表7-13中土壤理化性质的规定。

3）外观鉴定

边坡削坡后曲线顺直，无坡面淤积和浮石等不稳定物体。

7.4.2 路堑边坡种植材料质量验收

路堑边坡绿化选用植物栽植参考7.1.1条规定的相应植物材料质量验收标准。

7.4.3 路堑边坡栽植工程质量验收

路堑边坡绿化选用植物栽植参考7.1.2条规定的相应植物材料栽植工程验收标准。

7.4.4 路堑边坡交工验收

1）基本要求

（1）路堑边坡绿化不得遮挡路侧标志牌，保证在有效距离内可以清晰地识别路侧标志牌；曲线内侧绿化必须确保公路视距要求；路侧绿化的种植材料应符合设计要求。

（2）路堑边坡绿化施工应按照设计文件所规定的施工方法与工艺进行，严格施工过程质量控制。

（3）路堑边坡绿化施工不得破坏公路路基。

（4）绿化植物的树枝枝条均不得伸入高速公路净空界限内。

（5）草坪、苗木不得有明显病虫害。

2）实测项目

路堑边坡绿化的实测项目应符合表7-17的规定。

路堑边坡绿化的实测项目 表7-17

项次	检查项目	规定值或允许偏差	检查方法和频率
1	苗木规格	符合设计要求	钢尺量：每1km随机抽测50m，连续测量
2	种植穴规格	符合《园林绿化工程施工及验收规范》（CJJ/T 82）的规定	
3	土层厚度		
4	苗木数量	符合设计要求	目测、计数：每1km随机抽测200m，连续测量
5	种植密度		
6	苗木成活率（%）		
7	草坪等地被植物覆盖率（%）		

3）外观鉴定

路堑边坡交工验收外观鉴定参考7.3.4条第3）款的规定。

7.4.5 路堑边坡竣工验收

路堑边坡竣工验收参考7.3.5条第1）款及7.3.5条第2）款的规定。

7.5 路堤边坡种植验收

7.5.1 路堤边坡栽植土及地形工程质量验收

1）基本要求

（1）边坡回填土壤应夯实，密实度达到85%以上；回填土质符合植物生长要求。

（2）边坡栽植基层处理应保证稳固安全，清除坡面淤积物、浮石等不稳定物体，同时应打掉突出岩石。

（3）边坡绿化提倡新材料、新技术的应用，新材料、新技术应用施工时须符合设计要求。

2）实测项目

路堤边坡土壤理化性质参考表7-13中土壤理化性质的规定。

3）外观鉴定

边坡削坡后曲线顺直，无坡面淤积和浮石等不稳定物体。

7.5.2 路堤边坡种植材料质量验收

路堤边坡绿化选用植物栽植参考7.1.1条规定的相应植物材料质量验收标准。

7.5.3 路堤边坡栽植工程质量验收

路堤边坡绿化选用植物栽植参考7.1.2条规定的相应植物材料栽植工程验收标准。

7.5.4 路堤边坡交工验收

1）基本要求

（1）路堤边坡绿化不得遮挡路侧标志牌，保证在有效距离内可以清晰地识别路侧标志牌；曲线内侧绿化必须确保公路视距要求；路侧绿化的种植材料应符合设计要求。

（2）路堤边坡绿化施工应按照设计文件所规定的施工方法与工艺进行，严格施工过程质量控制。

（3）路堤边坡绿化施工不得破坏公路路基。

（4）绿化植物的树枝枝条均不得伸入高速公路净空界限内，树高大于3m的乔木和冠幅大于3m的灌木的种植位置，应在路肩外边缘水平距离5m以外。

（5）草坪、苗木不得有明显病虫害。

2）实测项目

路堤边坡绿化的实测项目应符合表7-18的规定。

路堤边坡绿化的实测项目 表7-18

项次	检 查 项 目	规定值或允许偏差	检查方法和频率
1	苗木规格	符合设计要求	钢尺量：每 1km 随机抽测 50m，连续测量
2	种植穴规格	符合《园林绿化工程施工及验收规范》（CJJ/T 82）的规定	
3	土层厚度		

续上表

项次	检查项目	规定值或允许偏差	检查方法和频率
4	苗木数量	符合设计要求	目测、计数：每1km随机抽测200m，连续测量
5	种植密度		
6	苗木成活率（%）		
7	草坪等地被植物覆盖率（%）		

3）外观鉴定

路堑边坡交工验收外观鉴定参考7.3.4条第3）款的规定。

7.5.5 路堑边坡竣工验收

路堑边坡竣工验收参考7.3.5条第1）款及7.3.5第2）款的规定。

7.6 护坡道、排水沟外侧绿化种植验收

7.6.1 护坡道、排水沟外侧绿化栽植土及地形工程质量验收

护坡道、排水沟外侧绿化栽植土及地形工程质量验收参考7.3.1条规定。

7.6.2 护坡道、排水沟外侧绿化种植材料质量验收

护坡道、排水沟外侧绿化选用植物栽植参考7.1.1条规定的相应植物材料质量验收标准。

7.6.3 护坡道、排水沟外侧绿化栽植工程质量验收

路堤边坡绿化选用植物栽植参考7.1.2条规定的相应植物材料栽植工程验收标准。

7.6.4 护坡道、排水沟外侧绿化交工验收

1）基本要求

草坪、苗木不得有明显病虫害。

2）实测项目

护坡道、排水沟外侧绿化的实测项目应符合表7-19的规定。

护坡道、排水沟外侧绿化的实测项目　　表7-19

项次	检查项目	规定值或允许偏差	检查方法和频率
1	苗木规格	符合设计要求	钢尺量：每1km随机抽测50m，连续测量
2	种植穴规格	符合《园林绿化工程施工及验收规范》（CJJ/T 82）的规定	
3	土层厚度		

续上表

项次	检查项目	规定值或允许偏差	检查方法和频率
4	苗木数量	符合设计要求	目测、计数：每 1km 随机抽测 200m，连续测量
5	种植密度		
6	苗木成活率（%）		
7	草坪等地被植物覆盖率（%）		

3）外观鉴定

护坡道、排水沟外侧绿化交工验收外观鉴定参考7.3.4条第3）款的规定。

7.6.5 护坡道、排水沟外侧绿化竣工验收

护坡道、排水沟外侧绿化竣工验收参考7.3.5条第1）款及7.3.5条第2）款的规定。

7.7 隧道口、特殊景观点段绿化种植验收

7.7.1 隧道口、特殊景观点段绿化栽植土及地形工程质量验收

隧道口、特殊景观点段绿化工程栽植土及地形工程质量验收参考7.3.1条的规定。

7.7.2 隧道口、特殊景观点段绿化种植材料质量验收

隧道口、特殊景观点段绿化选用植物栽植参考7.1.1条规定的相应植物材料质量验收标准。

7.7.3 隧道口、特殊景观点段绿化栽植工程质量验收

隧道口、特殊景观点段绿化选用植物栽植参考7.1.2条规定的相应植物材料栽植工程验收标准。

7.7.4 隧道口、特殊景观点段绿化交工验收

1）基本要求

（1）隧道口进出口的中央分隔带或三角带宜考虑遮光的种植用途，仰坡种植攀援植物不得侵占隧道建筑边界。

（2）苗木、草坪、花卉不得有明显病虫害。

2）实测项目

隧道口、特殊景观点段绿化的实测项目应符合表7-20的规定。

隧道口、特殊景观点段绿化的实测项目　表7-20

项次	检查项目	规定值或允许偏差	检查方法和频率
1	苗木规格	符合设计要求	钢尺量：随机抽 10%
2	种植穴规格	符合《园林绿化工程施工及验收规范》（CJJ/T 82）的规定	钢尺量：随机抽 10%
3	土层厚度		钢尺量：随机抽测 5% 种植穴，且不少于 3 穴
4	苗木数量	符合设计要求	目测、计数：全部
5	地形高程		
6	苗木成活率（%）		
7	草坪等地被植物覆盖率（%）		

3）外观鉴定

应满足中央分隔带及边坡外观鉴定要求。

7.7.5 隧道口、特殊景观点段绿化竣工验收

隧道口、特殊景观点段绿化竣工验收参考7.3.5条第1）款及7.3.5条第2）款的规定。

7.8 互通立交区绿化工程验收

7.8.1 互通立交区绿化栽植土及地形工程质量验收

互通立交区绿化工程栽植土及地形工程质量验收参考7.3.1条规定。

7.8.2 互通立交区绿化种植材料质量验收

互通立交区绿化选用植物栽植参考7.1.1条规定的相应植物材料质量验收标准。

7.8.3 互通立交区绿化栽植工程质量验收

互通立交区绿化选用植物栽植参考7.1.2条规定的相应植物材料栽植工程验收标准。

7.8.4 互通立交区绿化交工验收

1）基本要求

（1）互通立交区绿地整理、排水应符合设计要求；播种前应清除绿地内的施工废弃物；整体图案应符合设计要求。

（2）孤植树、珍贵树种以及乔木树种应保证成活。

（3）树木种植不应影响行车安全视距，在行车合流点之前，应保证一定的停车视距，禁止栽植遮挡视线的树木。

（4）草坪、苗木不得有明显病虫害。

2）实测项目

互通立交区绿化的实测项目应符合表7-21的规定。

互通立交区绿化的实测项目 表7-21

项次	检 查 项 目	规定值或允许偏差	检查方法和频率
1	苗木规格	符合设计要求	钢尺量：随机抽 10%
2	种植穴规格	符合设计要求	钢尺量：随机抽 10%
3	土层厚度	符合设计要求	钢尺量：随机抽测 5% 种植穴，且不少于 3 穴
4	苗木数量	符合设计要求	目测、计数：枢纽互通抽查 4 个组团，一般互通抽查 2 个组团
5	地形高程（mm）	± 30	
6	苗木成活率（%）	符合设计要求	
7	草坪等地被植物覆盖率（%）		

3）外观鉴定

（1）苗木的枝条不得伸出路侧，苗木栽植应整齐、竖直，正常生长。

（2）乔木不得连续缺4株或灌木不得缺1m^{2}以上。

（3）草坪生长正常，草坪不得连续空缺面积达1m^{2}以上。

（4）绿地不得有明显的积水区。

（5）符合设计图案景观设计效果要求。

7.8.5 互通立交区绿化竣工验收

互通立交区绿化竣工验收参考7.3.5第1）款及7.3.5第2）款的规定。

7.9 服务区、收费站等站区绿化工程验收

7.9.1 服务区、收费站等站区绿化栽植土及地形工程质量验收

服务区、收费站等站区绿化工程栽植土及地形工程质量验收参考7.3.1条的规定。

7.9.2 服务区、收费站等站区绿化种植材料质量验收

服务区、收费站等站区绿化选用植物栽植参考7.1.1条规定的相应植物材料质量验收标准。

7.9.3 服务区、收费站等站区绿化栽植工程质量验收

服务区、收费站等站区绿化选用植物栽植参考7.1.2条规定的相应植物材料栽植工程验收标准。

7.9.4 服务区、收费站等站区绿化交工验收

1）基本要求

（1）服务区、收费站等站区绿化应满足设计要求。其绿地面积应大于总面积的30%，绿地内的植被覆盖率应大于85%。

（2）绿化附属设施的质量按现行《建筑工程施工质量验收统一标准》（GB 50300）的规定验收。

（3）路堤边坡绿化施工不得破坏公路路基。

（4）绿地草坪应符合设计要求，整体图案美观。

（5）苗木、草坪、花卉不得有明显病虫害。

2）实测项目

服务区、收费站等站区绿化的实测项目应符合表7-22的规定。

服务区、收费站等站区绿化的实测项目　表7-22

<table>
<tr><th>项次</th><th>检查项目</th><th>规定值或允许偏差</th><th>检查方法和频率</th></tr>
<tr><td>1</td><td>放样定位</td><td>± 5% 的设计间距</td><td>尺量：抽测 5%</td></tr>
<tr><td>2</td><td>苗木规格</td><td>符合设计要求</td><td>钢尺量：随机抽测 10%</td></tr>
<tr><td>3</td><td>种植穴规格</td><td rowspan="2">符合《园林绿化工程施工及验收规范》（CJJ/T 82）的规定</td><td>钢尺量：随机抽测 10%</td></tr>
<tr><td>4</td><td>土层厚度</td><td>钢尺量：随机抽测 5% 种植穴，且不少于 3 穴</td></tr>
<tr><td>5</td><td>苗木数量</td><td rowspan="5">符合设计要求</td><td rowspan="4">目测、计数：全部</td></tr>
<tr><td>6</td><td>地形高程</td></tr>
<tr><td>7</td><td>苗木成活率（%）</td></tr>
<tr><td>8</td><td>草坪等地被植物覆盖率（%）</td></tr>
<tr><td>9</td><td>绿化附属设施</td><td>检查全部</td></tr>
</table>

3）外观鉴定

服务区、收费站等站区绿化交工验收外观鉴定参考7.3.4条第3）款的规定。

7.9.5 服务区、收费站等站区绿化竣工验收

服务区、收费站等站区绿化竣工验收参考7.3.5条第1）款及7.3.5条第2）款的规定。

7.10 取、弃土场绿化工程验收

7.10.1 取、弃土场绿化栽植土及地形工程质量验收

1）基本要求

（1）取、弃土场宜根据其土质、灌溉条件、气候特征、生产功能及规划情况等合理

确定利用方向，宜耕则耕，不宜恢复耕地时应进行绿化，根据恢复要求回填栽植土。

（2）原土栽植应对土壤进行深翻细作，翻地深度不应小于30cm，清除石块、残根、杂草，施入基肥。栽植土（原状土、预制回填土、其他添加基质）的酸碱性、排水性、疏松度等应满足植物生态习性的要求。

（3）种植地属岩层、坚土、重黏土等不透气土层或排水不良、不透气的废基（混凝土板带废基应破除），栽植乔木按深1.2m、宽1.0m，灌木按深0.6m、宽0.5m，草坪、草花、地被按深0.3m范围予以清理。

（4）地形基本平整，如回填种植土，要求回填的种植土已达到自然沉降的状态，地形高程符合设计要求，地形的造型和排水坡度应符合设计要求（当设计单位对排水坡度没有具体要求时，宜≥5‰），无明显的低洼和积水处，基本无积水。

2）实测项目

取、弃土场绿化土壤理化性质参考表7-13的规定。

3）外观鉴定

取、弃土场绿化工程外观鉴定参考7.2.1条第3）款的规定。

7.10.2 取、弃土场绿化种植材料质量验收

取、弃土场绿化选用植物栽植参考7.1.1条规定的相应植物材料质量验收标准。

7.10.3 取、弃土场绿化栽植工程质量验收

取、弃土场绿化选用植物栽植参考7.1.2条规定的相应植物材料栽植工程验收标准。

7.10.4 取、弃土场绿化交工验收

1）基本要求

（1）取、弃土场应营造符合植物生长的环境条件后方可进行绿化，应满足设计要求。

（2）弃土场绿化应充分覆盖裸露的地表，满足水土保持的要求。

（3）苗木、草坪、花卉不得有明显病虫害。

2）实测项目

取、弃土场绿化的实测项目应符合表7-23的规定。

3）外观鉴定

取、弃土场绿化交工验收外观鉴定参考7.3.4条第3）款的规定。

7.10.5 取、弃土场绿化竣工验收

取、弃土场绿化竣工验收参考7.3.5条第1）款及7.3.5条第2）款的规定。

取、弃土场绿化的实测项目 表7-23

<table>
<tr><th>项次</th><th>检查项目</th><th>规定值或允许偏差</th><th>检查方法和频率</th></tr>
<tr><td>1</td><td>苗木规格</td><td>符合设计要求</td><td>钢尺量：随机抽测 10%</td></tr>
<tr><td>2</td><td>种植穴规格</td><td rowspan="2">符合《园林绿化工程施工及验收规范》（CJJ/T 82）的规定</td><td>钢尺量：随机抽测 10%</td></tr>
<tr><td>3</td><td>土层厚度</td><td>钢尺量：随机抽测 5% 种植穴，且不少于 3 穴</td></tr>
<tr><td>4</td><td>苗木数量</td><td rowspan="3">符合设计要求</td><td rowspan="3">目测、计数：全部</td></tr>
<tr><td>5</td><td>苗木成活率（%）</td></tr>
<tr><td>6</td><td>草坪等地被植物覆盖率（%）</td></tr>
</table>

第 8 章

高速公路运营期绿化养护

8.1 管理养护等级及标准

8.1.1 养护区等级划分

为了便于绿化养护管理和考核，结合目前高速公路养护预算情况全部绿化区域按园林绿化标准管理不符合现实，现将高速公路范围内绿化带分级管理。不同的绿化等级要求不同的管理精细度，具体分级情况如下：

（1）一级养护区：服务区乔灌草，住宿区生活区乔灌草，历史文化名城或旅游城市入口立交区。

（2）二级养护区：中央分隔带花灌木，分离式路基乔灌草，养护工区及收费站乔灌草，路基路堑边坡植物防护，一般出入口匝道。

（3）三级养护区：边沟外隔离栅内乔木、花灌木，边坡绿化，一般立交区内乔木。

8.1.2 分级技术标准和要求

分级技术标准和要求见表8-1~表8-3。

绿化管理养护等级技术标准和要求（单位：次/年） 表8-1

等级	类　别		淋水	施肥	修剪	防病虫	垃圾处理
一级	乔木		≥ 15	≥ 4	≥ 2	≥ 7	随剪随清
	灌木	一般灌木	≥ 24	4~6	≥ 6	≥ 5	
		造型灌木	≥ 30	4~6	≥ 12	≥ 5	
		绿篱	≥ 24	4~6	≥ 12	5	
		地被	≥ 24	4~5	≥ 3	5	

续上表

等级	类别		淋水	施肥	修剪	防病虫	垃圾处理
二级	乔木		≥ 12	≥ 3	1	5	重要地区随剪随清，一般地区日剪日清
	灌木	一般灌木	≥ 18	2~4	≥ 5	3	
		造型灌木	≥ 24	2~4	≥ 6	3	
		绿篱	≥ 18	2~4	≥ 6	3	
		地被	≥ 18	2~4	≥ 3	3	
三级	乔木		≥ 10	≥ 2	1	3	主要地区和路段日剪日清，其他地区根据需要突击清运
	灌木	一般灌木	≥ 12	1~2	≥ 4	2	
		造型灌木	≥ 18	1~2	≥ 4	2	
		绿篱	≥ 12	1~2	≥ 4	1	
		地被	≥ 12	1~2	≥ 3	2	

各级养护补植时间及成活率要求 表8-2

植物种类	质量项目	一级养护	二级养护	三级养护
一、二年生草本、宿根及球根花卉	补植完成时间	1d 内	3d 内	5d 内
	补植成活率	100%	96%	95%
灌木与地被	补植完成时间	2d 内	4d 内	6d 内
	补植成活率	100%	98%	95%
乔木	补植完成时间	5d 内	10d 内	15d 内
	补植成活率	100%	98%	95%

行道树绿化养护工程年度费用指标 表8-3

序号	项目		名称类别	单位	年费用（元）
1	行道树养护	定植 5 年内	一级养护	株	84.28
2			二级养护	株	60.04
3			三级养护	株	47.75
4		定植第 6~20 年	一级养护	株	225.03
5			二级养护	株	123.56
6			三级养护	株	115.56
7		定植 20 年以上	一级养护	株	374.44
8			二级养护	株	199.02
9			三级养护	株	195.43

8.2 整形与修剪

8.2.1 修剪原则

1）因树因地原则

根据不同树种的生物学特性、园林绿化用途、立地条件及周边设施等，选择合适的修剪方法，修剪应保持自然树形。

2）少修浅修原则

以保证安全为第一要务，非必要不宜修剪。确有需要，根据树木生长特性兼顾绿化景观效果进行修剪。主干、主枝、次主枝为结构枝，非必要不得修剪；顶稍非必要不得修剪。

禁止对树木进行过度修剪，除特殊艺术造型或排除安全隐患的需要。

3）适时安全原则

根据树木生长不同阶段兼顾安全需要适时进行修剪。及时修剪病虫枝、枯枝、偏冠或过密的树枝，排除安全隐患，保持均衡、通透的树冠，预防和减少台风危害。

4）规范操作原则

遵循“先整体后局部、先大后小、先上后下、先内后外、去弱留强、去老留新”的原则。

8.2.2 修剪的一般规定

1）幼树以轻剪为主，扩大树冠；成年树以平衡树势为主，壮枝轻剪，弱枝重剪。

2）疏枝为主，慎用短截。

3）次年春天开花的观花木本植物不可在当年夏季后修剪；次年夏秋季开花的宜在冬季休眠期或生长相对停滞期修剪；一年多次开花的，宜在花后及时轻剪。

4）观果木本植物应根据其开花结果习性进行修剪，以培养健壮的结果母枝和结果枝为主。花期疏去过多的花朵（序），果期疏去弱小与病虫果，可使植物结果量适中。

5）树木的徒长枝、下垂枝、交叉枝、并生枝、病虫枝、枯枝、残枝、凋枯的叶片和花梗均应及时修剪，以促进生长，保持美观。修剪下的枝叶，应在当天清运完毕。

6）剪口平滑，不可扯脱树皮，避免出现锯齿形伤口或过大伤口，直径大于 6cm的枝条应用三锯法进行修剪。剪口大于6cm或珍稀树种剪口大于3cm的应做消毒防腐处理。

7）禁止刀具砍伐的方式进行修剪，直径大于3cm的枝条不宜使用单手手持的枝剪进行修剪。除因树木倒伏影响交通的抢险作业外，避免在风雨中修剪。

8）严禁不当修剪，如截干式修剪、过度提升树冠、偏冠修剪等（图8-1~图8-9）。

图 8-1　截干式修剪

图 8-2　过度提升树冠

图 8-3　偏冠修剪

图 8-4　狮尾式修剪

图 8-5　修剪切口扯脱树皮

图 8-6　残留枝柄过长

图 8-7　修剪切口不齐平

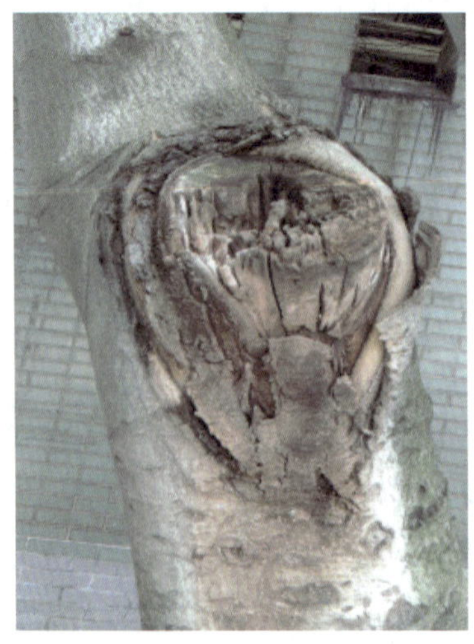
图 8-8　修剪切口过大且未处理

图 8-9　平贴树干修剪

8.2.3 修剪类型

1）安全修剪

（1）应及时剪除不良枝条，即病虫枝、枯枝、分蘖枝、干头枝、徒长枝、下垂枝、平行枝、交叉枝、叉生枝、交叉枝、阴生枝、逆行枝、忌生枝，详见图8-10。

a) 病虫枝：有病害或虫害危害严重，且采用药剂防治达不到预期效果的枝条

b) 枯枝：腐烂、枯干的枝条

c) 分蘖枝：在树干基部或结构枝上所萌发的直立生长的枝条

图 8-10

d) 徒长枝：直立生长、节间长、枝芽不饱满、生长过于旺盛的枝条

e) 下垂枝：向下萌发生长的枝条或生长角度与其他枝条生长角度极大的枝条；树木自身特性向下生长的枝条除外

f) 平行枝：在同一水平面平行生长的两个枝条

图 8-10

g) 交叉枝：相互交叉生长的两个枝条

h) 叉生枝：两个同等优势枝条中间萌生的枝条

i) 阴生枝：枝条外侧腋下萌生的枝条

图 8-10

j) 逆行枝：逆行生长的枝条

k) 忌生枝：向树冠中心生长的枝条

l) 干头枝：已修剪残留的枝柄上萌生新的枝芽，枝柄包含新萌发的枝条称为干头枝

图 8-10　不良枝条

（2）台风季节前进行预防风害的应急修剪：针对树冠过大、过密或者偏冠的树木，

应剪除平行枝、交叉枝、徒长枝等，进行树冠疏枝，减小树冠密度，增强树冠透风程度。针对台风后树体结构遭遇破坏的恢复性树冠清理修剪，修剪断枝、残枝等，恢复原有的树冠形状。

（3）风害严重的地方，采用以减少阻风面积和预防风害为主的方式进行修剪。

（4）树木枝条靠近道路或建筑物处，影响行车或建筑物安全的，应及时进行缩冠修剪。

2）休眠期修剪

（1）休眠期修剪以整形为主，可稍重剪。

（2）落叶树种的修剪可在落叶后至萌芽前进行；常绿树种的修剪可在低温生长缓慢期进行，一般为冬春寒冷期结束后、新叶抽梢前。

（3）有伤流的植物应避免雨期修剪；热带树种应避免在低温期间修剪。

3）生长期修剪

（1）以调整树势为主，剪除过长、过密枝条，宜轻剪。

（2）整形树木宜在生长期修剪以保持树形整齐。

8.2.4 修剪方法

1）乔木

（1）行道树和庭院树应以扩大树冠、增加覆盖为主，宜采用自然式的树高和冠幅。

（2）行人道或非机动车道的行道树枝下高以2.5~3m为宜；机动车道行道树枝下高以3~4.5m为宜；大、中型客车停车场乔木枝下高应不低于4m；小汽车停车场乔木枝下高不低于2.5m。

（3）道路两侧行道树完全郁闭时，宜剪除部分枝叶，以使道路中线垂直上方保留不少于200cm的透光、透气通道。

（4）单轴分枝树种在修剪时需保护顶芽和中央领导干。呈层塔状分枝的树种，还需保护一级分枝。

（5）萌芽成枝能力强的树种可适当强剪；萌芽成枝能力弱的树种应轻剪或不剪。

（6）大枝修剪位置应在枝领边缘，保留枝领，不可平贴树干切割。

（7）棕榈类乔木不可剪切顶梢，但应及时剪除干枯叶片；叶梢自然脱落的不宜人工割除叶梢。

2）灌木

（1）自然生长的灌木的修剪应维持植物自然形态，以疏枝为主，宜外密内稀。

（2）整形灌木以疏枝与短截交替使用。

（3）绿篱以勤剪、轻剪为主，不可多次在同一位置进行短截，每次修剪的剪口位置应比前一次提高1~2cm，一面削弱树势；每隔2~4年可进行更新修剪。

3）藤本植物

（1）生长在沿路棚（篱）架或立交桥上的藤本植物，其下垂藤蔓需及时修剪，以免影响行车安全。

（2）定期翻蔓，清除枯枝，疏删老弱藤蔓。成年和老年藤本应常疏枝，并适当进行回缩修剪。

4）草本花卉与草坪

（1）草本花卉的修剪不宜在雨后立即进行，残花、枯萎的黄叶和花蒂（梗）或植株等则要及时清除。

（2）草坪修剪宜在3月中旬至10月下旬之间的非雨天进行。修剪的频率根据草坪的草种类（品种）、生长势、养护质量要求、当地气候和坪床的土壤肥力等因素确定。同一草坪，不应多次在同一行列、同一方向修剪。剪草要平整，角边无遗漏，草屑应及时清理。

8.3 灌溉与排水

8.3.1 灌溉

1）一般要求

（1）植物浇灌补水的先后次序，应注意：盆栽优先于地栽；草坪、地被、灌木优先于乔木；叶大而薄的植物优先于叶小而厚的植物。

（2）使用水车灌溉时应控制适当的行车速度、出水压力及喷洒范围，并发出提示音乐，避免影响其他车辆和行人；使用人工胶管灌溉时应控制好水压以及水花大小，并避开人流高峰期。

（3）分隔带、路侧、互通等绿地植物，在夏、秋季特别干旱的情况下，可根据植物的萎蔫程度和作业条件浇水1~2次；边坡绿化植物应适当增加1~2次浇水。水分灌溉设施应科学、合理，在有条件的地方，宜采用喷灌或滴灌等节水灌溉方式灌溉，提高水的利用率，节省人工和水资源。

2）乔木灌溉

（1）新栽乔木前三次浇灌比较重要，第一遍水水量不宜过大，水流要缓慢，使土下沉，一般栽后3~4d内完成第二遍水、一周内完成第三遍水，此两遍水的水量要足；水浇灌后的第二天要挖开查看是否有积水，如有积水及时排掉。在3个月内根据不同季节对树干叶片进行喷水，12—次年2月每天喷水1次；3—5月每天喷水1次，6—11月每天喷水2次。

（2）在常规条件下，根据天气情况，乔木在12—次年4月每周灌水1~2次；在5—11月每周灌水2~3次，每次浇灌要一次性灌透。

（3）浇水的水口不能直接冲击土球，直接冲击土球时造成很多须根被冲出而又未能及时覆土，会提高苗木死亡率，一般浇树干使得水慢慢留到土球内。

（4）浇水后无遗漏、无大面积积水。

3）灌木灌溉

（1）根据天气情况，常规条件下，3—5月每周浇水1~2次；6—11月每周浇水2~3次，10：00以前16：00以后、高温期忌浇水（阴雨天气除外）。

（2）灌木浇水要均匀、无遗漏。

（3）根据土壤干湿度进行浇水，浇灌必须浇透根系层，但不允许积水造成苗木萎缩烂根。

（4）浇灌方式为喷洒，水流不能过激，浇水后无遗漏，无大面积积水，造型无损毁。

（5）浇灌时水管不能从灌木上拖拉及搁放，以免损坏灌木。

4）色块、地被、草坪类灌溉

（1）3—5月每周浇水1~2次；6—11月每周浇水2~3次，10：00以前16：00以后、高温期忌浇水。

（2）如杜鹃花、山茶、月季等色块苗，不要等土壤干透了才浇水，只要见表土干燥稍微发白或嫩叶上萎蔫，即可浇水。

（3）草坪、地被植物宜采用喷灌，水滴宜细密均匀，并浸湿坪床以下8~10cm的土层，喷灌时应开关定时，专门看管。

8.3.2 排水

（1）排水设施应在每年雨季来临前全面清疏1次。清除检查井和雨水口的淤泥（沙）以及其他阻碍排水的障碍物；淤塞的排水管道应及时清疏。雨季或低洼易造成积水的区域，应通过增设排水管道、排水沟、雨水口或改良土壤的通透性等措施保证排水沟畅通，防止植物因涝致死。

（2）大面积的绿地要做成2%~3%的坡度，采用无痕迹的地表径流方式排水。

（3）在雨季中应加强排涝巡查，发现积水可及时采用开沟、埋管、打孔等排水措施对绿地和树池排涝，防止植物因涝致死。乔灌木绿地和树池内积水不得超过24h；草坪、花卉种植地积水不得超过12h。

8.4 施肥标准

8.4.1 施肥的时间

（1）应选择天气晴朗、土壤干燥时进行。

（2）春秋季应多施肥，夏季宜薄肥随水施，冬季不宜施速效性化肥，雨季应少施肥。

（3）植物休眠期不得施肥。

8.4.2 施肥的位置

（1）肥料必须施在距乔木树冠外缘投影2/3的树木吸收根处。

（2）应避免长期在同一地块施用同一种化学肥料，以免破坏土壤的理化性状。

（3）除根外追肥外，肥料不得触及乔灌木藤的叶片。

8.4.3 不同植物特性的施肥

（1）观花植物应分别在花芽分化前和开花后各施磷肥1次。

（2）竹类应以施有机肥为主，并适量加入含铁的复合肥料。最佳施肥时间为早春3月和8—9月。

（3）草坪施用肥料的种类和次数应根据草的种类（品种）、生长阶段、生长势以及景观要求而确定。干旱季节可采取控制氮肥、增施钾肥的措施，以减少浇灌及修剪次数；施肥必须均匀，撒施后及时浇水。

（4）草本花卉在生长期和开花期适当追肥；追肥宜采用颗粒肥料，亦可采用水肥；必要时，可进行叶面追肥。

（5）水生植物、观花的衍生或挺水植物，应以有机肥为主，用土壤将肥料混合成块状肥料棒，点状埋施于根系周围深度25cm以上的淤泥中。

（6）喜酸性植物如野牡丹、蕨类、杜鹃、茶花、栀子花宜用硫铵、硫酸钾生理酸性肥料。

8.5 病虫害防治

8.5.1 施工准备

在草坪建植或者绿地植物种植前，通过高温处理、药剂处理等基质消毒措施，减少土壤中的病源和虫源等。

8.5.2 植物检疫

（1）外地购进的苗木、花卉、草皮及绿化材料，需提供相关的植物检疫证书。

（2）本地苗圃出售的苗木、花卉、草被及绿化材料，严禁附带病虫原及杂草出圃，同时提供相关的产地检疫证书。

（3）植物种植后，应对整体植物材料进行病虫害检验，并在验收时提供相关的植物病虫害检验报告。有危险性病虫害发生或常规病虫害发生程度超过相关防治指标的绿化工程，由施工单位按照相应的防治措施要求进行整改，合格后重新组织竣工验收。

目前广东地区常见的园林危险性病虫害详见表8-4。更多广东省高速公路病虫害及防治方法详见附录4。

广东地区常见的园林危险性病虫害　　表8-4

病虫名称及示意图	寄　主	病虫名称及示意图	寄　主
草坪草褐斑病菌 	草地早熟禾、雀稗、狗牙根、匍匐剪股颖、黑麦草、结缕草等	椰心叶甲 	主要为棕榈科植物，包括椰子、大王椰子、蒲葵、华盛顿、鱼尾葵属、油棕、散尾葵等
椰子败生类病毒 	限于棕榈科植物	红棕象甲 	主要为棕榈科植物，包括椰子、椰枣、海枣、加拿利海枣、银海枣等
香蕉穿孔线虫 	椰子、槟榔、红掌、竹芋、棕榈等植物	蔗扁蛾 	主要有龙血树、发财树、苏铁、鱼尾葵、散尾葵、大王椰子、木棉等
松突圆蚧 	马尾松、黑松、湿地松等松属植物	刺桐姬小蜂 	刺桐、杂色刺桐、金脉刺桐、珊瑚刺桐、鸡冠刺桐等刺桐属植物
双钩异翅长蠹 	凤凰木、杧果、榄仁、橄榄属等植物	扶桑绵粉蚧 	主要有扶桑、菊、锦葵、番木瓜、马缨丹等植物
松材线虫病 	主要是松科松属植物	褐纹甘蔗象 	棕榈科植物、椰子、华盛顿椰子、大王椰子、国王椰子、假槟榔、海枣、刺葵、散尾葵、蒲葵、鱼尾葵等

续上表

病虫名称及示意图	寄　主	病虫名称及示意图	寄　主
红火蚁	草坪、人住房、学校、草坪等地，与人接触的机会较大	螺旋粉虱	印度紫檀、榄仁树、番石榴等
新菠萝粉蚧	剑麻、凤梨、香蕉、杧果、椰子、甘蔗等	非洲大蜗牛	100多种草本、木本、藤本植物

8.5.3 防治方法

1）生物防治

（1）利用附近区域的天敌（如草蛉、瓢虫、食蚜蝇、食虫虻、蚂蚁、捕食螨等捕食性天敌，寄生蜂、寄生蝇等寄生性天敌）来控制害虫，采用人工招引、人工繁殖释放、人工助迁等办法增加天敌数量。

（2）选用高效、环保的植物源、动物源或微生物源农药（如印楝素、烟碱、鱼藤酮、苏云金杆菌、白僵菌、核多角体病毒、性信息素、蜕皮激素、保幼激素等）进行防治。

（3）保护和利用可用于害虫防治的有益生物（如捕食螨类、蜘蛛等，蟾蜍、蛙类等两栖类动物，鸟类等）。

（4）在绿地植物上应合理配置引鸟植物，适当设置人工鸟巢，保留或引入适宜的乔、灌木植物，改善鸟类的营巢、栖息和繁殖条件。

2）物理防治

（1）在病虫害零星发生期，可采取以下人工防治措施进行防治：

①摘除带有孵化初期未分散的幼虫的枝叶，或悬挂依附在植物体和建筑物上的越冬虫茧、虫蛹和卵块、卵囊等休眠虫体、病叶，拔（砍）除病株、杂草。

②直接捕杀个体大、危害状明显、有假死性或飞翔力不强的害虫。

③对于折断的枝干及修剪后的大树，应及时采用防水材料封补切口，防止切口过度失水、腐烂以及病虫害从切口侵入。对于树木已腐烂的切口、空洞，应及时清理腐烂部位，消毒，并采用防水材料封补，防止继续腐烂以及病虫害侵入。

（2）在冬季来临前，可采用涂白剂对树干基部进行涂白：

①涂白的树种、针对的病虫害及配制物料的品种、比例要协调，根据寄主植物及其主要病虫的生物学特性，确定涂白树种、涂白时机、高度和程度。对于棕榈科植物、榕树类植物的气根尽量不涂白。

②临涂白前应掺入适量农药，但要注意随配随用。涂白剂呈碱性，禁止与对碱不稳定的农药混用。

③为增加美学效果，可在涂白剂中加入一定数量的颜料，使其与树皮色彩协调一致。

④涂白剂的配制比例可依据不同的用途，在不同的时期予以调整和选择。常用的几种涂白剂的及配方见表8-5。

常用的涂白剂的及配方　　表8-5

涂　白　剂	配　　方
石硫合剂生石灰涂白剂	生石灰 10kg；石硫合剂原液 1kg；食盐 1kg；动（植）物油 0.5kg；水 30kg
硫酸铜石灰涂白剂	硫酸铜 500g；生石灰 10kg；水 30~40kg
石灰硫黄涂白剂	生石灰 10kg；硫黄粉 1kg；水 40kg
石灰硫黄四合剂涂白剂	生石灰 10kg；硫黄粉 1kg；动（植）物油 0.5kg；食盐 1kg；水 40kg
熟石灰水泥黄泥涂白剂	熟石灰 1kg；水泥 1kg；黄泥 1.25kg

（3）在害虫发生期，可利用昆虫的趋化性、趋光性、趋色性等趋性，采用悬挂杀虫灯、悬挂色板、铺用或挂用银灰色薄膜、树干扎缚薄膜或稻草、树干设置黏虫带、放置糖醋酒液诱虫剂（糖醋酒液诱虫剂的配方：糖 2 份、酒 1 份、醋 4 份、水 2 份，调匀后加 1 份杀虫剂）等方法趋避、阻隔或诱杀害虫。

（4）利用昆虫化学信息物质引诱或驱避害虫，干扰雌雄性交配，或进行大规模诱杀害虫。

3）化学防治

（1）实行指标化防治，加强病虫害的测报，掌握发生动态，没有达到病虫害防治指标的不得使用化学农药。

（2）化学农药的选择 。

园林植物病虫草害防治所使用的农药必须对施药者、植物和环境安全。根据防治对象、农药性能、农药剂型和使用方法，选择有效的药剂品种对症下药。在园林绿化环境中严禁施用以下农药：

①剧毒药剂，或对害虫天敌（包括天敌昆虫、蛙、蟾蜍、鸟类等）有严重影响的农药。

②已有致畸、致癌、致突变机制报道的农药，如我国正在使用或禁、限用的可能对人类致癌的农药。

③对生态环境污染破坏比较大，或难分解、或对人体、其他动物有严重影响的农药。

④在蚧壳虫类、粉虱类、螨类、叶蝉类、蚜虫类病虫害的发生初期，选用矿物油类农药进行防治，以保护天敌、保护环境。

（3）施药时间 。

①应根据病虫害发生规律，掌握用药适期，在病害发生初期、害虫低龄期及杂草敏感期防治。

②应避免高温喷药，宜选择晴天早上或傍晚喷药。在人流较多的地区喷药时，应进行人员疏散。在绿地喷药时，应选择行人少时喷洒，并设立警示牌，禁止游人接近。条件允许时，可在喷药后3d内进行适当隔离。

（4）施药方法与注意事项。

①药剂的使用方法应尽量采取靶标性强、残毒少的施药方法，如主要以微量喷雾、根施、沟施、涂茎、浇灌、树干注射、制成毒土、毒饵、熏蒸等。采用喷雾方式时，喷药应均匀、不漏喷，特别注意叶背的喷布。

②应选择高性能的喷洒工具及高效、低毒的药剂。施药时，操作人员应站在上风处，实行顺风隔行施药。多台喷雾器同时喷洒时，相邻操作人员应相距1个喷幅，前后相错呈梯形前进，下风侧的人先喷。

③化学农药的应用，必须按照使用说明，严格控制剂量。化学农药混用，必须掌握药剂的理化性质，合理混用，确保对植物安全。

④雨季喷药时，可适当添加表面活性剂（如有机硅、洗衣粉、柴油等），以增大黏着力和渗透性，减少下雨对药效的影响。

（5）化学农药的使用管理。

①施用化学除草剂的机具（动力部分除外）宜专用，尽量不与施用杀虫剂、杀菌剂的机具混用。如需混用，应在清洗干净后再施用其他农药。

②在施用有毒化学农药时，若遇喷头堵塞等故障，应立即关闭截止阀，先用清水冲洗喷头，然后戴胶手套进行故障排除。疏通喷孔时应采用毛刷，严禁用嘴吹吸喷头和滤网。

③施药结束后，应在施药地块彻底清洗喷雾器的外表面和内部，包括整个喷雾系统和输液系统。清洗时应采用“少量多次”的方法，即用少量清水清洗3次以上。清洗废液不得随意倾倒，应该喷洒到目标植物上，并要保证这种重复喷洒不超过推荐的施药剂量。

④绿地养护中应建立良好的农药库存管理措施，指定专人保管，将农药存放在低温避光、干燥通风的房间。剩余的农药应用牢固不易碎的容器包装，并做好清楚的标识。

（6）植保人员防护。

①按照喷施农药的操作规程或者相关方法科学合理地喷施农药。

②施药、清洗或施药途中维修喷雾器时应做到：穿长袖衣服、穿长裤、穿胶鞋、戴口

罩、戴胶手套。在喷施大树、高树时还应戴帽子、护目镜等。必须按照喷施农药的操作规程或者相关方法科学合理地喷施农药。

③怀孕期、哺乳期和经期妇女，以及老、弱、病、残、皮肤损伤未愈的人员禁止参与施用有毒农药。

④在施用有毒农药时，作业人员禁止酒后喷药，作业时禁止吸烟、饮水、进食，不得用手擦抹眼、脸和口鼻，不准嬉闹。

⑤施药人员有头疼、头昏、恶心、呕吐等症状时，应即离开现场，脱卸污染衣物，用肥皂清洗手、脸和裸露皮肤等部位的残留药物，并用清水漱口，使其在通风、阴凉处休息或送医院。

⑥在进行施用有毒农药操作时，应避免过累、过热、过冷；施药人员每日工作时间不宜超过4~6h。

8.6 自然灾害预防

8.6.1 台风预防

广东省多海边城市，在台风多发季节应积极应对台风灾害。

（1）在台风多发季节到来之前，及时了解、掌握树木的健康状况和不安全程度。根据往年经验，制定出切实可行的分级测评系统，科学评估树木存在的潜在危险，对有潜在危险的树木进行定期检查，及时做好应对措施。

（2）在强台风侵袭前，做好树木的支撑工作和修剪工作。尽可能对沿线，特别是站区和危及行车安全的树木进行加固。支撑工作就地段来讲，主要是在风口和岔道口；就树种而言，主要是抗风性弱的树种（如红花羊蹄甲、大叶相思、桃花心木、刺桐、南洋楹、垂叶榕等）和新栽树种，可用防护钢架采取连片加固的方法。同时适当修剪，使树冠大小和抗风能力相称。

8.6.2 冻害预防与救治

1）冻害的预防

在冬季严寒期或极端低温天气，特别是在粤北山区，可采取以下冻害的预防措施：

（1）架风障（图8-11）。为减轻寒冷干燥的大风吹袭，造成树木冻旱的伤害，在树木的上风方向，以杉木、竹竿等材料做支撑，以绿色无纺布或尼龙布等材料遮挡，以做成风障。风障高度要高于

图 8-11　架风障

树高，支撑要牢固，漏风处要及时缝合。

（2）卷干、包草。入冬前选用保温布等材料包起树木的主干及部分主枝，主干卷干高度不低于分枝点高度的2/3（图8-12）。

a)

b)

图 8-12　卷干、包草

（3）使用防冻剂。在寒潮来临前15~30d人工喷洒具有一定功能的化学制剂。如淇林防冻霜，喷洒树体后，能迅速在植物叶面和枝干表面形成一层保护膜，阻挡寒流、季风的袭击，提高植物抗候能力，减少风蚀造成的枝叶损伤。防冻剂在预防低温、冰雪冻害、倒春寒等低温灾害方面效果卓越，能够明显降低冻害程度。

（4）喷施调节剂，增强抗逆性。在低温来临前喷洒调节剂增强植物抗逆性。如“淇林岁语”调节剂，喷洒树体叶面，不但能补充植物营养，也能提高植物抗病、抗冻、抗寒能力，减少低温天气对植物的影响。在预防低温、冰雪冻害、倒春寒等低温灾害方面有较大的作用。

2）冻害的救治

（1）合理修剪。对遭受寒害的植株，应采取合理的修剪措施，不应进行重剪，否则会产生有害的副作用。既要将受害的器官剪至健康部分，促进枝条的更新与生长，又要保证地上地下器官的相对平衡。

一般在受害后即修剪，可保留受害部分枝条1~2cm，以防健康的枝条部分再向下干缩；如果是开春后再修剪，可剪至健康的部位，以利于创口的愈合。实践证明，经过合理修剪的受害植株，其恢复速度快于重剪和不剪的植株。对一般常绿的盆栽木本花卉及观叶植物，应及时剪去所有枯死部分，并将其搬放到较为暖和的环境中。修剪时要注意以下几点：

①无论是大苗还是小苗，在冬季受冻后都不宜即刻做大幅度修剪，以免加重冻害程

度。一般应推迟到春季萌芽时修剪。

②坚持“重伤重截，轻伤轻截”的原则。

③修剪时选择晴朗天气，一般短截应剪到健康部位以下2cm左右。

④重截或回缩到主枝、副主枝时应依据树冠状况，选留适当的壮芽，在芽上2cm处锯断，重新培养主枝、副主枝。

⑤若主干及主枝皮层开裂，整个树冠冻死时，可在嫁接处的适当位置锯断主干，促使其重新萌发枝蘖，形成主干。

⑥锯断主干时锯口要平，并用保护剂涂抹。

（2）保护与修补伤口。对仅干基局部（西北方向）受到冻害的粗大花株，可将坏死的部分剜去，涂抹伤口愈合剂后，再用薄膜包裹保护好，为其创造一个较为温暖的小环境；对一些受害的盆景植株，则可通过桥接或靠接换根来补救。

（3）加强病虫防治。观赏植物遭受低温危害后，因其树势较弱，极易遭受病虫害的侵袭，可结合防治冻害，施用化学药剂。其中尤以杀菌剂加保湿黏胶剂效果较好，其次是杀菌剂加高脂膜，它们都比单纯的杀菌剂或涂白剂效果好。因为主剂杀菌剂只能起到表面消毒和杀菌作用，副剂保湿黏胶剂和高脂膜，既起保湿作用，又起增温作用，这些都有利于冻裂树皮愈伤组织的形成，从而促进冻伤愈合。

（4）慎重施肥。对于受冻害的植株，越冬后不能马上追施高浓度的化肥，而应待气温回升、根系恢复吸收功能后，再喷施或浇施低浓度的液肥，如可用0.3%的磷酸二氢钾和0.3%的尿素液交替喷施或浇施。

8.7 高速公路绿化养护机械

高速公路绿化日常养护设备配备，包括洒水车、割灌机、草坪机、绿篱剪、打药机、修枝剪、锯子、铁锹等（图8-13~图8-20）。

图 8-13　洒水车

图 8-14　割灌机

图 8-15 草坪机

图 8-16 草坪机

图 8-17 绿篱剪

图 8-18 修枝剪

图 8-19 锯子

图 8-20 铁锹

8.8 高速公路绿化养护的施工安全

高速公路养护施工安全直接关系高速公路安全畅通，不仅涉及高速公路管理方和施工方的安全，更涉及通行在高速公路上全体驾乘人员和周边环境的安全。为加强高速公路养护施工管理，保障高速公路养护管理科学、协调发展，营造和谐安畅的通行环境，应从高速公路养护施工的实际出发，处理好养护工作中的相关安全管理问题。

8.8.1 影响养护工程施工安全的因素

影响高速公路养护工程安全施工的隐私可以分为主观因素和客观因素两类。主观因素是指管理人员通过加强自身管理和对施工过程的相关控制等主观努力在一定程度上可以控制的因素；客观因素是指由道路技术状况、驾驶人员、车辆状况、环境气候等因素的复杂性和随机性造成的、难以控制的因素。高速公路施工养护的安全管理就是力图将可控因素控制在安全的范围内，并尽最大努力地去影响不可控因素，减少安全隐患。

8.8.2 加强高速公路养护作业安全管理的具体措施

1）建立健全养护作业安全管理制度

（1）管理制度的制定和落实是安全生产的保障。首先，业主单位要根据《中华人民共和国安全生产法》《中华人民共和国公路法》等法律法规，特别是要依托中华人民共和国行业标准《公路养护安全作业规程》（JTG H30—2004），结合高速公路养护施工实际，制定养护作业安全管理制度。其次，要与养护施工单位签订安全合同。制度的落实和执行要由具备法律效力的合同来保证。合同中应明确业主和养护施工方的权利和义务，特别是施工方的义务和违约责任必须条理清晰，对违约的责任认定和处治措施可操作性强。

（2）在制定相关制度的同时，还应制定相关的养护施工安全生产应急预案，落实应急物资、设备，保证突发事件应急预案启动及时有效，降低生命、财产损失，减小社会影响。

2）加强安全教育和培训工作

在法律法规和规章制度的落实中，人的因素是首要的。各单位要紧密围绕本职工作的安全培训内容，制订培训计划，加强全体职工的安全教育，把“要我安全”转变为“我要安全”，全员、全方位地提高安全意识。养护施工方应对下属各施工队定期开展安全培训，切实做好上路施工人员的安全技术交底，提高上路施工人员的安全意识和自我保护能力，使每一位员工都能了解施工中的安全注意事项，提高安全防范意识，保证施工人员的生命安全。

3）严格把控施工许可关

开工前，对养护施工单位的安全标志牌、警示灯、隔离设施等进行检查，对养护作业人员保险费、劳保费用等安全生产经费落实情况进行核实，达不到要求的，坚决不允许开工。养护施工单位应对本企业安全人员进行施工前集中培训，通过声像、规章制度等学习安全生产基本知识；由专业人员讲解施工现场管理规定、施工中要注意的安全事项。特殊工种人员和安全管理人员必须持证上岗，不能满足需要的，业主应对施工单位采取必要的处罚措施，确保在开工的源头就把好安全管理的第一关。同时，在开工前，还应通过广播电视等新闻媒体和高速公路本身的可变信息标志以及各收费道入口提醒等方式或渠道，向社会和通行车辆及时发布道路的通行情况及养护施工信息，这样可以提前分流车辆、提醒过往驾驶人经过时谨慎驾驶，减少安全隐患。

4）加大安全生产的监督检查力度

业主管理人员在每天的道路巡查工程中，要重点对施工现场进行检查，主要查看施工作业区标志摆放是否符合规范、安全员是否持证上岗、施工人员是否着防护服装、夜间作业是否开启警示灯，以及施工现场机械操作、材料物品堆放是否规范等。在巡查过程中，一旦发现违章施工等现象，必须立即现场进行整改，对整改结果进行认定，经整改符合要求后方可允许恢复作业。除现场整改外，还应坚决依据安全合同对施工单位进行罚款，提高其违规成本。

8.8.3 作业保护区域的划定

1）作业区的组成

作业区是指因为行道树养护等作业影响交通运行而进行交通管控的路段，由警告区、上游过渡区、缓冲区、工作区、下游过渡区和终止区6个区域组成，详见图8-21及图8-22。

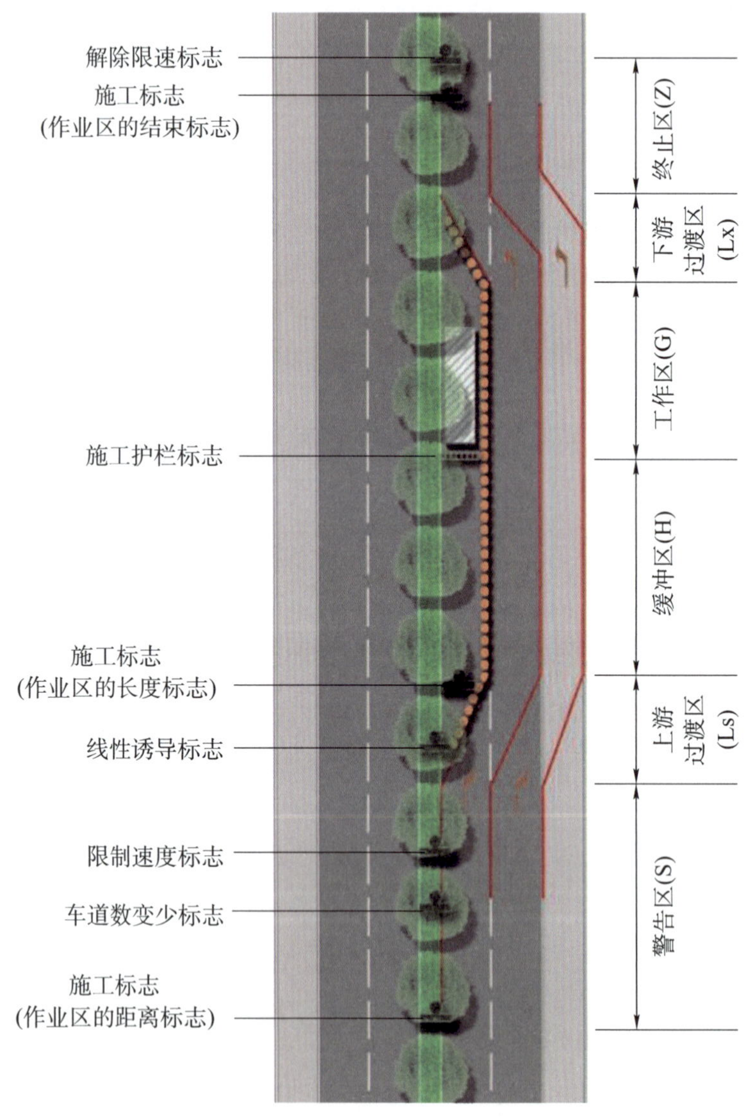

图 8-21 中央绿化带占用行车道的作业区

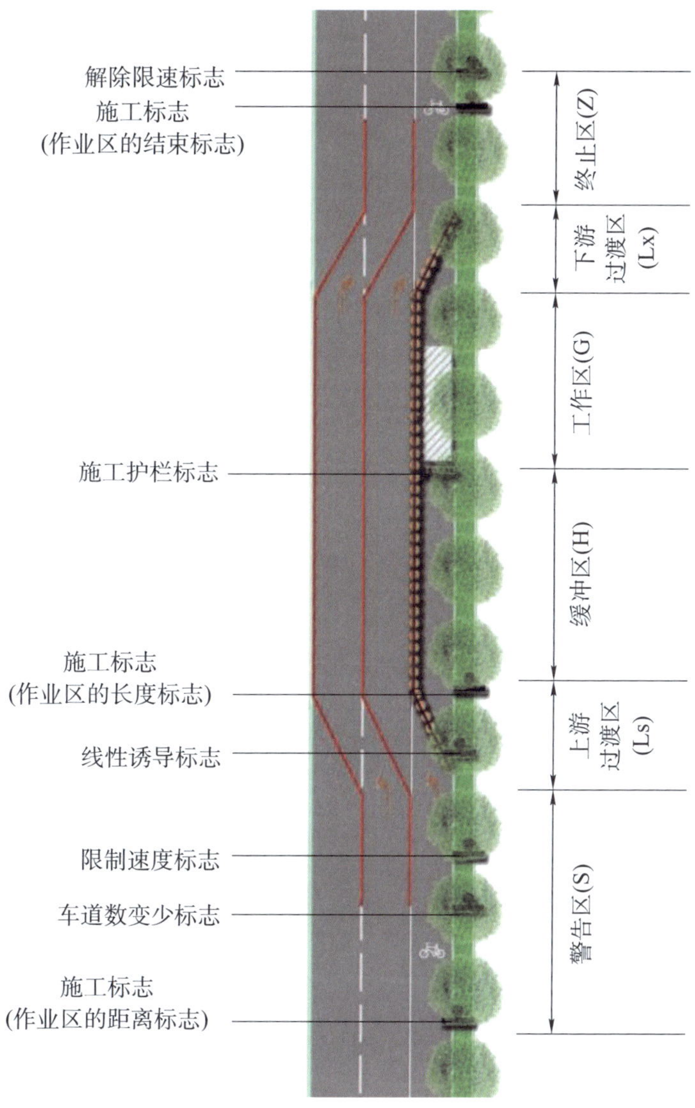

图 8-22　路侧绿化带占用行车道的作业区

2）交通标志

（1）施工标志（图8-23）。

a) 作业区距离标志

b) 作业区长度标志

c) 作业区结束标志

图 8-23　施工标志

注：数字为示例。

①作业区距离标志：预告距离作业区的长度，设置于警告区起点附近，辅助标志上的数字宜取警告区长度值，数字取整。

②作业区长度标志：预告作业路段长度，设置于缓冲区起点附近，辅助标志上的数字宜取缓冲区与工作区长度之和，数字取整。

③作业区结束标志：说明作业区结束位置，设置于终止区之后。

（2）车道变少标志（图8-24）。

根据作业区车道封闭的实际情况，选择对应的车道数变少标志图案，设置于警告区中点附近。

图 8-24　车道变少标志

（3）限制速度标志（图8-25）。

在该区域机动车行驶速度（km/h）不超过标志所示数值，直至前方解除限制速度标志出现，设置于警告区起点附近。

（4）解除限制速度标志（图8-26）。

该区域限制速度路段结束，设置于终止区之后。

图 8-25　限制速度标志

注：数字为示例。

图 8-26　解除限制速度标志

注：数字为示例。

（5）线形诱导标志（图8-27）。

引导作业区行车方向，提示道路使用者前方道路线形（行驶方向）变化，注意谨慎驾驶，设置于作业区线形变化的整个区间。

图 8-27　线形诱导标志

（6）施工护栏。

用路栏（图8-28）、交通锥（图8-29）、交通桶（图8-30）、交通柱（图8-31）等形式设置于作业区线形变化整个区间，用以阻挡车辆及行人前进或提示改道。根据实际需要选用。

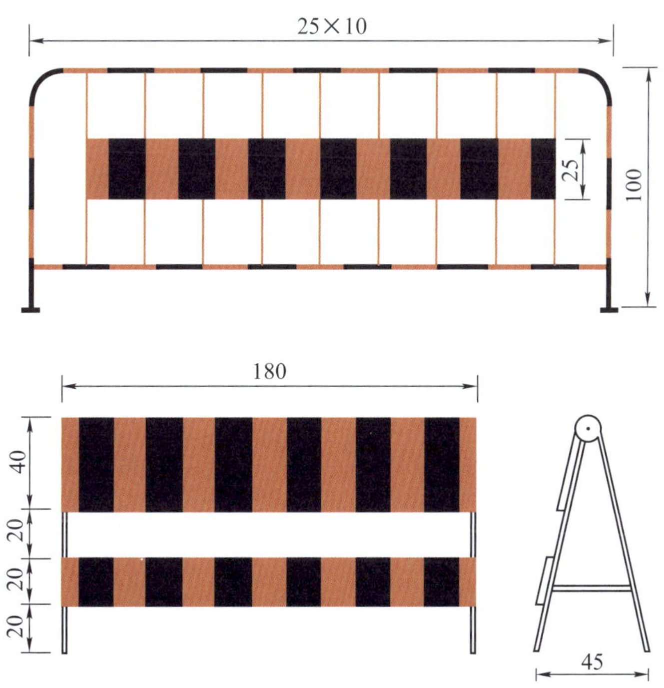

图　8-28

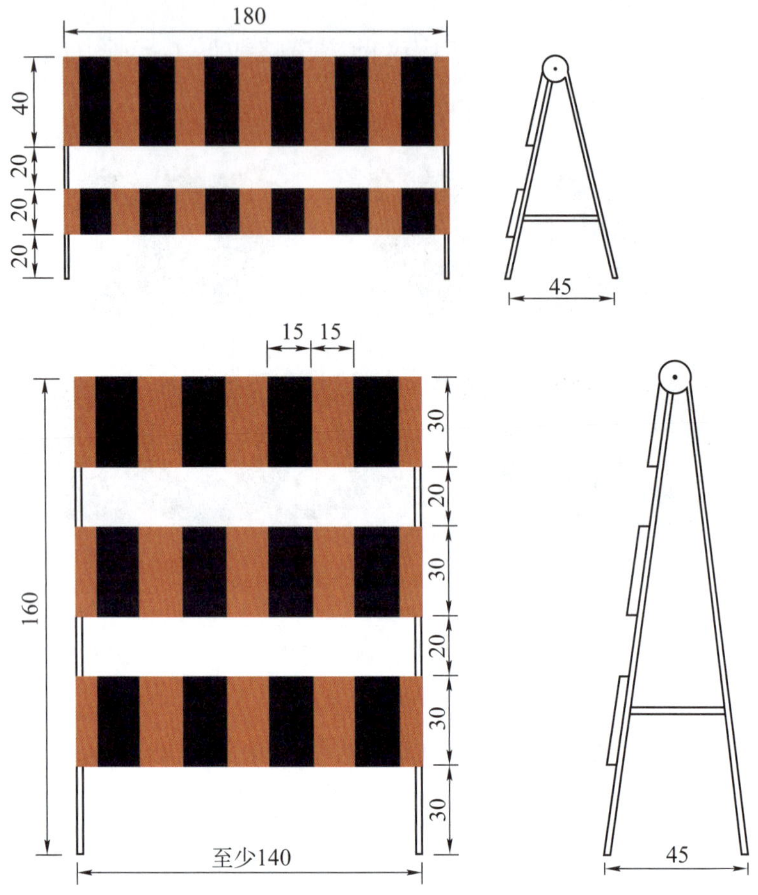

图 8-28　路栏（尺寸单位：cm）

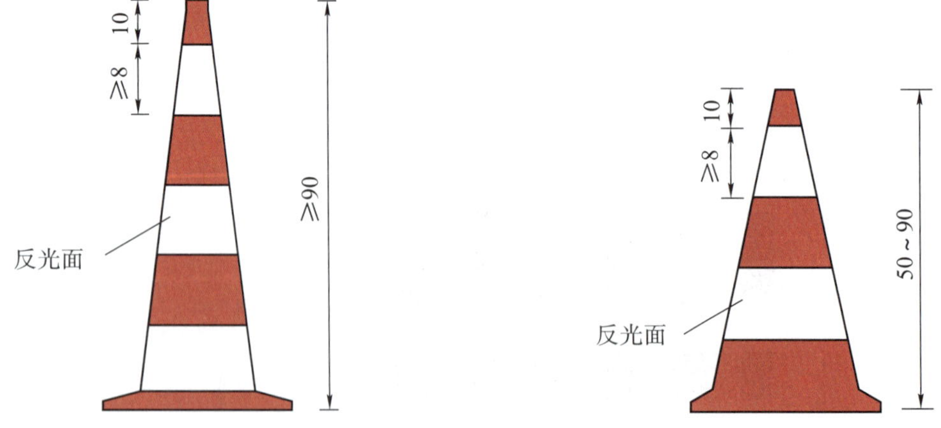

图 8-29　交通锥（尺寸单位：cm）

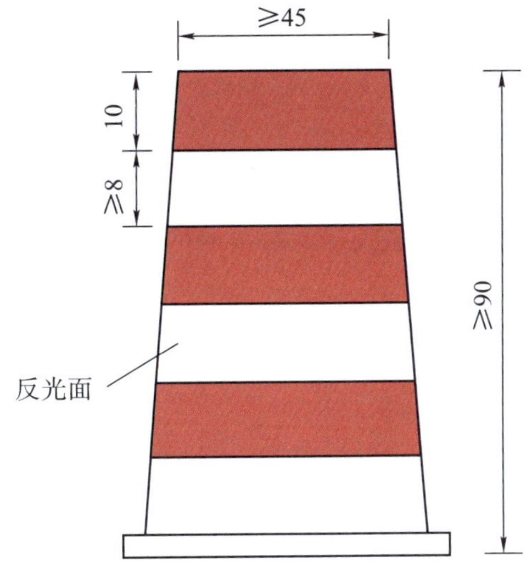

图 8-30　交通桶（尺寸单位：cm）

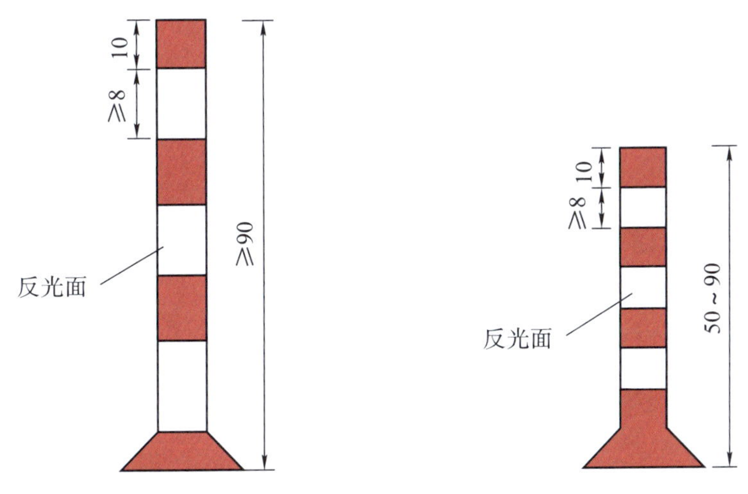

图 8-31　交通柱（尺寸单位：cm）

3）作业区限速或长度要求

（1）作业区限速值。

作业区限速值不应大于表8-6的规定值，限速过渡差不宜超过20km/h。

作业区限速值　　表8-6

设计速度（km/h）	20	30、40、50	60	80	100	120
限速值（km/h）	20	30	40	60	70	80

（2）警告区长度。

警告区长度不应小于表8-7的规定值。

警告区最小长度 表8-7

设计速度（km/h）	20、30、40、50、60	80	100	120
警告区长度（m）	40	100	1000	1500

注：城市道路上平面交叉口间距小于表中数值时，以平面交叉口为起点设置警告区。

（3）上游过渡区长度。

上游过渡区长度根据作业占用道路宽度和设计速度确定，采用表8-8所列最小值作为上游过渡区长度。

上游过渡区长度最小值 表8-8

设计速度（km/h）	20	30	40	50	60	70	80	＞80
最小值（m）	20	25	30	35	40	70	85	100

（4）缓冲区长度。

缓冲区长度应大于表8-9的规定值。

缓冲区最小长度 表8-9

限制车速（km/h）	20、30	40	60	80
缓冲区长度（m）	15	40	80	120

（5）工作区长度。

由实际工作决定，同时考虑交通情况和作业经济情况。

（6）下游过渡区长度。

下游过渡区长度应不小于道 路缩减宽度。

（7）终止区长度。

终止区长度应大于表8-10的规定值。

终止区最小长度 表8-10

限制车速（km/h）	≤40	＞40
缓冲区长度（m）	10~30	30

第 9 章

高速公路绿化实施结果评价

9.1 评价指标

9.1.1 原有大树利用率

通过统计项目原有大树的数量以及项目建成后利用的大树数量，计算出原有大树利用率；根据利用率的高低，采用100分制评分方法，评分标准和原则见表9-1。

原有大树利用率评分标准和原则 表9-1

序号	评 价 依 据	评价得分（分）
1	原有大树利用率＞ 80%	80~100
2	60% ＜原有大树利用率≤ 80%	60~80
3	30% ＜原有大树利用率≤ 60%	30~60
4	原有大树利用率≤ 30%	0~30

9.1.2 植物成活率

植物成活率评分标准和原则见表9-2。

植物成活率评分标准和原则 表9-2

序号	评 价 依 据	评价得分（分）
1	植物成活率＞ 95%	90~100
2	80% ＜植物成活率≤ 95%	60~90
3	60% ＜原有大树利用率≤ 80%	30~60
4	原有大树利用率≤ 60%	0~30

9.1.3 绿化景观实施效果

从中央分隔带、边坡、路侧、互通和房建区4个方面来考虑，采用100分制评分方法，评分标准和原则见表9-3。

高速公路绿化实施工程案例详见附录5。

绿化景观实施效果评分标准和原则 表9-3

序号	调查项目	评价依据	评价得分（分）
1	中央分隔带防眩能力	株距、高度在设计范围内，且植物生长旺盛，无空白路段	80~100
		株距、高度在设计范围内，植物生长好，基本无空白路段	60~80
		株距、高度在设计范围内，但植物生长弱小，空白路段多	30~60
		株距、高度不在设计范围内，或有大面积的空白路段	0~30
2	中央分隔带景观效果	绿，花灌木结合，线形流畅	80~100
		树种单一，但线形整齐流畅	60~80
		树种单一，但线形有间断	30~60
		树种单一，且无修剪，线形不流畅	0~30
3	边坡（含护坡、挡土墙等）防护能力	无空白土质路段，且植物生长旺盛，无冲沟	80~100
		空白土质路段较少，植物生长较好	60~80
		空白土质路段多，或空白土质路段较少，但植物生长稀疏	30~60
		有大面积空白土质路段，植物生长差	0~30
4	边坡（含护坡、挡土墙等）景观效果	有色彩（有花槽或草灌结合），线形流畅	80~100
		色彩单一，但整体或线形流畅	60~80
		色彩单一，但不整齐或线形间断	30~60
		色彩单一，且很不完整，线形不流畅	0~30
5	路侧（含土路肩、碎落台等）防护能力	无空白路段，且植物生长旺盛	80~100
		空白路段较少，植物生长较好	60~80
		空白路段多，或空白土质路段较少，但植物生长稀疏	30~60
		空白路段很多，且植物生长差	0~30
6	路侧（含土路肩、碎落台等）景观效果	有色彩，花灌木结合，线形流畅	80~100
		色彩单一，但整体或线形流畅	60~80
		色彩单一，但不整齐或线形间断	30~60
		色彩单一，且很不完整，线形不流畅	0~30
7	互通和房建区（互通立交、服务区、收费站、生活区等）生态防护性	无空白面积，且植物生长旺盛	80~100
		空白面积较少，植物生长较好	60~80
		空白面积多，或空白土质路段较少，但植物生长稀疏	30~60
		有大面积空白路段，且植物生长差	0~30
8	互通和房建区（互通立交、服务区、收费站、生活区等）景观效果	有色彩，且层次感强（乔、灌、草结合）	80~100
		色彩单一，层次感不太明显但线形流畅	60~80
		色彩单一，层次感不太明显且线形间断	30~60
		色彩单一，无层次感且线形不流畅	0~30

附录1
广东省高速公路常用绿化植物名录

广东省高速公路常用绿化植物名录　　附表1.0.1

序号	名称	拉丁文名	科名	图　片	花期	习　性	落叶/常绿
乔　木							
1	香樟	Cinnamomum camphora	樟科		4—5月	喜光，稍耐阴；喜温暖湿润气候，耐寒性不强，对土壤要求不严，较耐水湿	常绿
2	紫玉兰	Magnolialiliflora	木兰科		3—4月	喜温暖湿润和阳光充足环境，较耐寒，但不耐旱和盐碱，怕水淹，要求肥沃、排水好的沙壤土	落叶
3	紫叶李	Prunus cerasifera 'Atropur purea'	蔷薇科		4月	喜好生长在阳光充足、温暖湿润的环境里，是一种耐水湿的植物	落叶

续上表

序号	名称	拉丁文名	科名	图片	花期	习性	落叶 / 常绿
4	樱花	Prunus swbg	蔷薇科		4 月	性喜阳光和温暖湿润的气候条件，有一定抗寒能力。对土壤的要求不严，宜在疏松肥沃、排水良好的砂质壤土生长，但不耐盐碱土。根系较浅，忌积水低洼地	落叶
5	银叶金合欢	Acacia podalyriifolia	豆科		3—6 月	喜阳光；适宜所有排水性良好的土壤，包括贫瘠的土壤；适宜温暖的气候；能耐旱	落叶
6	阴香	Cinnamomum burmanni	樟科		3—4 月	喜阳光，喜暖热湿润气候及肥沃湿润土壤，稍耐阴，喜排水良好	常绿
7	羊蹄甲	Bauhinia purpurea	豆科		9—11 月	性喜温暖湿润、多雨的气候和阳光充足的环境，适应性强，有一定耐寒能力	常绿
8	小叶紫薇	Lagerstroemia indica	千屈菜科		6—9 月	性喜温暖、湿润，喜光而稍耐阴，有一定的抗寒力和耐旱力及抗风力	落叶

续上表

序号	名称	拉丁文名	科名	图片	花期	习性	落叶 / 常绿
9	香花槐	Robinia pseudoacacia 'idaho'	豆科		5—7 月	性耐寒，耐干旱瘠薄，对土壤要求不严	落叶
10	细叶榄仁	Terminalia neotaliala	使君子科		5—6 月	阳性植物，需强光。生长适温为 23~32℃，生长快，耐热、耐湿、耐碱、耐瘠、抗污染、易移植、寿命长，但不耐阴	落叶
11	乌桕	Triadica sebifera	大戟科		4—8 月	喜光树种，深根性，侧根发达，抗风、抗毒气（氟化氢），生长快	落叶
12	铁冬青	Ilex rotunda	冬青科		4 月	耐阴树种，喜生于温暖湿润气候和疏松肥沃、排水良好的酸性土壤。适应性较强，耐瘠、耐旱、耐霜冻	常绿

续上表

序号	名称	拉丁文名	科名	图　片	花期	习　性	落叶 / 常绿
13	桃花	Prunus persica	蔷薇科		3—4 月	桃性喜光，喜排水良好，耐旱，畏涝	落叶
14	四季桂	Osmanthus fragrans Semperflorens	木犀科		3—5 月	喜温暖湿润、阳光充足的环境，较为耐旱、耐寒	常绿
15	水蒲桃	Syzygium jambos	桃金娘科		3—4 月	耐水湿植物，性喜暖热气候，喜光，耐旱瘠和高温干旱，对土壤要求不严，根系发达，生长迅速，适应性强	常绿
16	深山含笑	Michelia maudiaeDunn	木兰科		2—3 月	喜温暖、湿润环境，有一定耐寒能力。喜光，幼时较耐阴	常绿

续上表

序号	名称	拉丁文名	科名	图片	花期	习性	落叶 / 常绿
17	山杜英	Elaeocarpus sylvestris	杜英科		4—5 月	适生于湿润而土层深厚的山谷密林环境，较耐阴	常绿
18	三华李	CitrusreticulataBlancocv	蔷薇科		3—4 月	对气候适应性较强，但花期遇低温霜冻或持续阴雨天气，会造成严重的落花甚至失收	落叶
19	肉桂	Cinnamomum cassia	樟科		6—8 月	性喜温暖湿润、阳光充足的环境，喜光又耐阴，喜暖热、无霜雪、多雾高温之地，不耐干旱、积水、严寒和空气干燥	常绿
20	榕树	Ficus microcarpa	桑科		5—6 月	适应性强，喜疏松肥沃的酸性土，不耐旱，较耐水湿，短时间水涝不会烂根，怕烈日暴晒	常绿

续上表

序号	名称	拉丁文名	科名	图片	花期	习性	落叶 / 常绿
21	秋枫	Bischofia javanica	大戟科		4—5 月	喜阳，稍耐阴，喜温暖而耐寒力较差，对土壤要求不严，能耐水湿，根系发达，抗风力强，在湿润肥沃壤土上生长快速	常绿
22	朴树	Celtis sinensis	榆科		3—4 月	喜光，适温暖湿润气候，适生于肥沃平坦之地。对土壤要求不严，有一定耐干旱能力，亦耐水湿及瘠薄土壤，适应力较强	落叶
23	枇杷	Eriobotrya japonica	蔷薇科		10—12 月	适宜温暖湿润的气候，在生长发育过程中要求较高温度，对土壤适应性强	常绿
24	南方红豆杉	Taxus wallichiana mairei	红豆杉科		4—5 月	耐阴树种，喜温暖湿润的气候，耐干旱瘠薄，不耐低洼积水。对气候适应力较强	常绿

续上表

序号	名称	拉丁文名	科名	图片	花期	习性	落叶 / 常绿
25	木棉	Bombax ceiba	木棉科		3—4 月	喜温暖干燥和阳光充足环境。不耐寒，稍耐湿，忌积水。耐旱，抗污染、抗风力强，深根性，速生，萌芽力强	落叶
26	美丽异木棉	Ceiba speciosa	木棉科		10—12 月	喜光而稍耐阴，喜高温多湿气候，略耐旱瘠，忌积水，对土质要求不苛，但以土层疏松、排水良好的沙壤土或冲击土为佳	落叶
27	美国红枫	Acer rubrum	槭树科		3—4 月	适应性较强，耐寒、耐旱、耐湿	落叶
28	梅花	Armeniaca mume	蔷薇科		2—3 月	性喜温暖、湿润的气候生长，在光照充足、通风良好条件下能较好生长，对土壤要求不严，耐瘠薄，耐寒，怕积水	落叶

续上表

序号	名称	拉丁文名	科名	图片	花期	习性	落叶/常绿
29	杧果	Mangifera indica	漆树科		11—次年2月	为喜光果树，充足的光照可促进花芽分化、开花坐果和提高果实品质，改善外观，性喜温暖，不耐寒霜	常绿
30	麻楝	Chukrasia tabularis	楝科		4—5月	为阳性，喜光树种，幼树耐阴，抗寒性较强，喜欢花岗岩母质风化的砖红壤性土，对水肥条件要求较高，喜欢生长在土层深厚、肥沃、湿润、疏松的立地	常绿
31	落羽杉	Taxodium distichum	杉科		3—4月	强阳性树种，适应性强，能耐低温、干旱、涝渍和土壤瘠薄，耐水湿，抗污染，抗台风，且病虫害少，生长快	落叶
32	罗汉松	Podocarpus macrophyllus	罗汉松科		4—5月	喜温暖湿润气候，耐寒性弱，耐阴性强，喜排水良好、湿润的沙壤土，对土壤适应性强	常绿

续上表

序号	名称	拉丁文名	科名	图片	花期	习性	落叶 / 常绿
33	栾树	Koelreuteria paniculata	无患子科		6—8 月	喜光，稍耐半阴的植物；耐寒，但是不耐水淹。栽植注意土地，耐干旱和瘠薄，对环境的适应性强	落叶
34	龙眼	Dimocarpus longan	无患子科		3—4 月	喜光树种，幼苗不耐过度荫蔽，壮龄树更需充分阳光	常绿
35	荔枝	Litchi chinensis	无患子科		3—4 月	喜高温高湿喜光向阳，花果期遇到不利的灾害天气会造成落花落果，甚至失收	常绿
36	乐昌含笑	Michelia chapensis	木兰科		3—4 月	喜温暖、湿润的气候，生长适宜温度为15~32℃，能抗 41℃的高温，亦能耐寒。喜光	常绿

续上表

序号	名称	拉丁文名	科名	图片	花期	习性	落叶 / 常绿
37	腊肠树	Cassia fistula	蝶形花科		6—8 月	喜光、耐遮阴、耐寒、适应城市环境，抗风性强，喜排水良好的土壤	落叶
38	锦叶榄仁	Terminalia neotaliala 'Tricolor'	使君子科		3—6 月	喜光、喜温暖湿润气候，在湿热气候条件下生长茂盛，全光照或适度荫蔽均生长良好，稍耐瘠薄	落叶
39	尖叶杜英	Elaeocarpus apiculatus	杜英科		8—9 月	暖地树种，较速生，喜温暖湿润环境，适生于酸性的黄壤	常绿
40	鸡冠刺桐	Erythrina crista-galli	豆科		4—7 月	喜光，也耐轻度荫蔽，喜高温，但具有较强的耐寒能力。适应性强，生性强健，耐旱且耐贫瘠，还能抗盐碱，但不耐水浸	落叶

续上表

序号	名称	拉丁文名	科名	图片	花期	习性	落叶 / 常绿
41	鸡蛋花	Plumeria rubra L. cv. Acutifolia	夹竹桃科		5—10 月	阳性树种，性喜高温，湿润和阳光充足的环境。但也能在半阴的环境下生长；只是荫蔽环境下枝条徒长，开花少或长叶不开花	落叶
42	火力楠	Michelia macclurei	木兰科		3—4 月	对温度要求高，喜温暖湿润的气候，喜光稍耐阴，喜土层深厚的酸性土壤。耐旱耐瘠，萌芽力强，耐寒性较强，具有一定的耐阴性和抗风能力	常绿
43	幌伞枫	Heteropanax fragrans	五加科		10—12 月	喜光，性喜温暖湿润气候；亦耐阴，不耐寒	常绿
44	黄槿	Hibiscus tiliaceus	锦葵科		6—8 月	阳性植物，喜阳光。生性强健，耐旱、耐贫瘠，抗风力强，有防风定沙之功效。耐盐碱能力好，应该性强，适合海边种植	常绿

续上表

序号	名称	拉丁文名	科名	图片	花期	习性	落叶 / 常绿
45	黄金熊猫	Xanthostemon chrysanthus	桃金娘科		9—12 月	喜温暖湿润的气候，要求光照充分环境和排水良好的土壤	常绿
46	黄槐	Cassia surattensis	豆科		3—12 月	喜光，要求深厚而排水良好的土壤	落叶
47	黄花槐	Sophora xanthoantha	豆科		5—11 月	喜光耐阴的植物，对于生长环境的要求不高，生长快，生命力顽强	落叶
48	黄花风铃木	Handroanthus chrysanthus	紫葳科		3—4 月	性喜高温，喜气候温和、阳光充足、雨水充沛	落叶

续上表

序号	名称	拉丁文名	科名	图片	花期	习性	落叶 / 常绿
49	红叶桃	Rhus chinensis	蔷薇科		4—5 月	抗干抗寒不耐涝，管理粗放，适应性强	落叶
50	红花油茶	Camellia Chekiangoleosa	山茶科		2—3 月	较能耐旱，可在荒山种植，属喜弱光树种，幼时耐荫庇，大树需充足阳光，才能正常开花结果	常绿
51	红花羊蹄甲	Bauhinia × blakeana	豆科		1—12 月	喜温暖湿润、多雨的气候、阳光充足的环境，喜土层深厚、肥沃、排水良好的偏酸性沙壤土。它适应性强，有一定的耐寒能力	常绿
52	红花荷	Rhodoleia championii	金缕梅科		3—4 月	中性偏阴树种，幼树耐阴，成年后较喜光	常绿

续上表

序号	名称	拉丁文名	科名	图片	花期	习性	落叶/常绿
53	红果冬青	Ilex corallina	冬青科		5—6月	喜光，耐阴，不耐寒，喜肥沃的酸性土，较耐湿，但不耐积水，深根性，抗风能力强，萌芽力强，耐修剪	常绿
54	合欢	Albizia julibrissin	含羞草亚科		5—6月	喜温暖湿润和阳光充足环境，对气候和土壤适应性强	落叶
55	桂花	Osmanthus fragrans	木犀科		9—10月	性喜温暖，湿润，抗逆性强，既耐高温，也较耐寒	常绿
56	广玉兰	Magnolia grandiflora	木兰科		5—6月	喜光，而幼时稍耐阴。喜温湿气候，有一定的抗寒能力。适生于干燥、肥沃、湿润与排水良好微酸性或中性土壤，在碱性土种植易发生黄化，忌积水、排水不良。对烟尘及二氧化硫气体有较强抗性，病虫害少	常绿

续上表

序号	名称	拉丁文名	科名	图片	花期	习性	落叶 / 常绿
57	橄榄	Canarium album	橄榄科		4—5 月	喜温暖，生长期需适当高温才能生长旺盛	常绿
58	复羽叶栾树	Koelreuteria bipinnata	无患子科		7—9 月	深根性，主根发达，抗风力强，萌蘖能力强，不耐干旱瘠薄修剪，生长速度中等，幼树生长较慢，以后渐快	落叶
59	凤凰木	Delonix regia	豆科		6—7 月	喜高温多湿和阳光充足环境，不耐寒，怕积水，排水须良好，较耐干旱；耐瘠薄土壤	落叶
60	丹桂	Osmanthus fragrans Aurantiacus	木犀科		9—10 月	弱阳性，喜温暖湿润气候，抗寒性抗旱性强，适应性强	常绿

续上表

序号	名称	拉丁文名	科名	图片	花期	习性	落叶/常绿
61	大叶紫薇	Lagerstroemia speciosa	千屈菜科		5—7月	阳性植物。需强光。耐热、不耐寒、耐旱、耐碱、耐风、耐半阴、耐剪、抗污染、大树较难移植。喜高温湿润气候	落叶
62	大叶榕	Ficusaltissima	桑科		5—8月	喜光，有气生根。生于疏林中或溪边湿地，为阳性树种，喜温暖、高温湿润气候，耐旱而不耐寒，耐寒性比榕树稍强	落叶
63	大腹木棉	Ceiba speciosa	木棉科		11—次年1月	喜温暖干燥和阳光充足环境，不耐寒，稍耐湿，忌积水；耐旱，抗污染、抗风力强，深根性，速生，萌芽力强	落叶
64	垂柳	Salix babylonica	杨柳科		3—4月	喜光，喜温暖湿润气候及潮湿深厚之酸性及中性土壤。较耐寒，特耐水湿，但亦能生于土层深厚之高燥地区。萌芽力强，根系发达，生长迅速	落叶

续上表

序号	名称	拉丁文名	科名	图片	花期	习性	落叶 / 常绿
65	白玉兰	Yulania denudata	木兰科		4—9 月	适宜生长于温暖湿润气候和肥沃疏松的土壤，喜光。不耐干旱，也不耐水涝	落叶
66	白兰	Michelia alba	木兰科		4—9 月	性喜光照，怕高温，不耐寒，适合于微酸性土壤。喜温暖湿润，不耐干旱和水涝	常绿
67	八月桂	Osmanthus fragrans 'Latifolius'	木犀科		9—10 月	弱阳性，喜温暖湿润气候	常绿
68	大树菠萝	Artocarpus heterophyllus	桑科		2—3 月	喜热带气候。适生于无霜冻、年雨量充沛的地区。喜光，生长迅速，幼时稍耐阴，喜深厚肥沃土壤，忌积水	常绿

续上表

序号	名称	拉丁文名	科名	图片	花期	习性	落叶 / 常绿
69	仪花	Lysidice rhodostegia	豆科		6—8 月	喜光及温暖湿润气候；耐瘠薄、干热	常绿
70	红花风铃木	Tabebuia pentaphylla	紫葳科		1—2 月	性喜高温，生育适温为 23~32℃	落叶
71	扁桃	Amygdalus communis	蔷薇科		3—4 月	隐芽萌发力较强，树冠容易更新，且根系发达，抗旱性强	落叶
72	高山榕	Ficus altissima	桑科		3—4 月	阳性，喜高温多湿气候，耐干旱瘠薄，抗风，抗大气污染，生长迅速，移栽容易成活	常绿

续上表

序号	名称	拉丁文名	科名	图片	花期	习性	落叶 / 常绿
73	假苹婆	Sterculia lanceolata	梧桐科		4—6 月	喜光，喜温暖多湿气候，不耐干旱，也不耐寒	常绿
74	华盛顿葵	Washingtonia filifera	棕榈科		6—8 月	喜光，喜温暖、湿润和向阳的环境，较耐寒，不宜高温、高湿的气候；耐旱；耐瘠薄土壤	常绿
75	人面子	Dracontomelon duperreanum	漆树科		5—6 月	喜温暖湿润气候，适应性颇强，耐寒，抗风，抗大气污染。对土壤条件要求不严	常绿
76	火焰木	Spathodea campanulata	紫葳科		4—5 月	阳性植物，需强光，生长快。耐热、耐旱、耐湿、耐瘠、抗风，但小枝脆不耐风、易移植	常绿

续上表

序号	名称	拉丁文名	科名	图片	花期	习性	落叶 / 常绿
77	红花玉蕊	Barringtonia acutangula	玉蕊科		1—12 月	具有很强的耐盐性，也具较高的耐旱和耐涝能力	常绿
78	海南红豆	Ormosia pinnata	蝶形花亚科		7—8 月	喜光，对土壤要求严格，喜酸性土壤，喜肥水，抗风。生长较为缓慢，移栽成活较难	常绿
79	天竺桂	Cinnamomum japonicum	樟亚科		4—5 月	幼年期耐阴。喜温暖湿润气候，在排水良好的微酸性土壤上生长最好，中性土壤亦能适应	常绿
80	菩提树	Ficus religiosa	桑科		3—4 月	喜光、喜高温高湿，抗污染能力强，对土壤要求不严，但以肥沃、疏松的微酸性沙壤土为好	落叶

续上表

序号	名称	拉丁文名	科名	图片	花期	习性	落叶 / 常绿
81	黄葛树	Ficus virens	桑科		5—8 月	喜光，有气生根，为阳性树种，喜温暖、高温湿润气候，耐旱而不耐寒，耐寒性比榕树稍强。它抗风，抗大气污染，耐瘠薄，对土质要求不严，生长迅速，萌发力强，易栽植	落叶
82	桃花心木	Swietenia mahagoni	楝科		5—6 月	属阳性深根性树种，性喜温暖，喜阳光，较耐旱，对土壤要求不严，在干旱贫瘠的山坡能正常生长，但在湿润深厚、肥沃和排水良好的土壤中生长良好	常绿
83	白千层	Melaleucaleucadendron	桃金娘科		3—10 月	喜温暖潮湿环境，要求阳光充足，适应性强，能耐干旱高温及瘠瘦土壤，亦可耐轻霜及短期 0℃左右低温。对土壤要求不严	常绿
84	蓝花楹	Jacaranda mimosifolia	紫葳科		5—6 月	好温暖气候，宜种植于阳光充足的地方。对土壤条件要求不严，在一般中性和微酸性的土壤中都能生长良好	落叶

续上表

序号	名称	拉丁文名	科名	图片	花期	习性	落叶 / 常绿
85	糖胶树	Alstonia scholaris	夹竹桃科		6—11 月	喜湿润肥沃土壤，在水边生长良好	常绿
86	苹婆	Sterculia nobilis	梧桐科		4—5 月	喜生于排水良好的肥沃的土壤，且耐阴蔽，喜温暖湿润气候	常绿
87	枫香树	Liquidambar formosana	金缕梅科		3—4 月	喜温暖湿润气候，性喜光，幼树稍耐阴，耐干旱瘠薄土壤，不耐水涝	落叶
88	水石榕	Elaeocarpus hainanensis	杜英科		6—7 月	喜高温、多湿气候；喜半阴；不耐干旱，喜湿但不耐积水；喜肥沃和富含有机质的土壤	常绿

续上表

序号	名称	拉丁文名	科名	图片	花期	习性	落叶 / 常绿
89	银桦	Grevillea robusta	山龙眼科		3—5 月	喜光，喜温暖、湿润气候、根系发达，较耐旱，不耐寒	常绿
90	南洋楹	Albizia falcataria	豆科		4—7 月	阳性树种，不耐阴，喜暖热多雨气候及肥沃湿润土壤	常绿
91	串钱柳	Callistemon viminalis	桃金娘科		3—10 月	喜暖热气候地区，能耐烈日酷暑，不耐阴，既喜肥沃潮湿的酸性土壤，也能耐瘠薄干旱的土壤	常绿
92	人心果	Manilkara zapota	山榄科		4—9 月	性喜高温多湿，不耐寒，生育适温22~30℃，冬季能耐 2~3℃低温	落叶

续上表

序号	名称	拉丁文名	科名	图片	花期	习性	落叶 / 常绿
93	芭蕉	Musa basjoo	芭蕉科		7—10 月	喜温暖、湿润的气候，土壤要求，土层深厚，疏松肥沃，排水良好的土壤，而以沙壤土、pH 值 5.5~6.5 最为适宜	常绿
94	塔柏	Juniperus chinensis 'Pyramidalis'	柏科		4 月	喜光树种，喜温凉、温暖气候及湿润土壤	常绿
95	水杉	Metasequoia glyptostroboides	杉科		2 月	喜光性强的速生树种，对环境条件的适应性较强	落叶
96	马尾松	Pinus massoniana	松科		4—5 月	阳性树种，不耐荫蔽，喜光、喜温；对土壤要求不严格，喜微酸性土壤，但怕水涝，不耐盐碱	常绿

续上表

序号	名称	拉丁文名	科名	图片	花期	习性	落叶 / 常绿
97	水松	Glyptostrobus pensilis	柏科		1—2 月	为喜光树种，喜温暖湿润的气候及水湿的环境，耐水湿不耐低温，对土壤的适应性较强，除盐碱土之外，在其他各种土壤上均能生长	半常绿
98	王棕	Roystonea regia	棕榈科		3—4 月	耐寒力较假槟榔低，抗风力强	常绿
99	丝葵	Washingtonia filifera	棕榈科		7 月	喜光，喜温暖、湿润和向阳的环境，较耐寒，不宜高温、高湿的气候；耐旱；耐瘠薄土壤	常绿
100	短穗鱼尾葵	Caryota mitis Lour	棕榈科		4—6 月	喜温暖，但具有较强的耐寒力，其抗寒力较散尾葵强，为较耐寒的棕榈科热带植物之一	常绿

续上表

序号	名称	拉丁文名	科名	图片	花期	习性	落叶/常绿
灌木							
1	红叶石楠	Photinia × fraseri	蔷薇科		5—7月	喜温暖湿润的气候，耐干旱不耐水湿；耐寒性比较强，可以耐低温	常绿
2	朱蕉	Cordyline fruticosa	龙舌兰科		11—3月	喜高温多湿气候，属半阴植物，既不能忍受北方地区烈日曝晒，完全荫蔽处叶片又易发黄，不耐寒	常绿
3	栀子花	Gardenia jasminoides	茜草科		4—8月	喜光也能耐阴，在荫蔽条件下叶色浓绿，喜温暖湿润气候，耐热也稍耐寒	常绿
4	圆柏	Juniperus chinensis	柏科		4—5月	喜光树种，较耐阴，喜温凉、温暖气候及湿润土壤；耐寒、耐热，对土壤要求不严	常绿

续上表

序号	名称	拉丁文名	科名	图片	花期	习性	落叶/常绿
5	油茶	*Camellia oleifera*	山茶科		11 月	喜温暖，怕寒冷，要求有较充足的阳光，否则只长枝叶，结果少，含油率低	常绿
6	苏铁	*Cycas revoluta*	苏铁科		6—8 月	喜暖热湿润的环境，不耐寒冷，生长甚慢；喜光，喜铁元素，稍耐半阴	常绿
7	丝葵	*Washingtonia filifera*	棕榈科		7 月	喜光，喜温暖、湿润和向阳的环境，较耐寒，不宜高温、高湿的气候；耐旱；耐瘠薄土壤	常绿
8	鼠尾草	*Salvia japonica*	唇形科		6—9 月	喜温暖、光照充足、通风良好的环境；耐旱，但不耐涝	落叶

续上表

序号	名称	拉丁文名	科名	图　片	花期	习　性	落叶 / 常绿
9	月季石榴	Punica granatum	石榴科		5—7 月	喜阳光充足和干燥环境，耐干旱，不耐水涝，不耐阴，对土壤要求不严	落叶
10	野蔷薇	Rosa multiflora	蔷薇科		5—6 月	喜光，耐半阴，耐寒，对土壤要求不严；在阴蔽环境中，生长不正常，甚至死亡	落叶
11	炮仗花	Pyrostegia venusta	紫葳科		1—6 月	喜向阳环境和肥沃、湿润、酸性的土壤	常绿
12	南天竹	Nandina domestica	小檗科		3—6 月	性喜温暖及湿润的环境，比较耐阴，也耐寒，容易养护	常绿

续上表

序号	名称	拉丁文名	科名	图片	花期	习性	落叶 / 常绿
13	木槿	Hibiscus syriacus	锦葵科		7—10 月	稍耐阴、喜温暖、湿润气候，耐修剪、耐热又耐寒；对环境的适应性很强，较耐干燥和贫瘠，对土壤要求不严格，尤喜光和温暖潮润的气候	落叶
14	木芙蓉	Hibiscus mutabilis	锦葵科		8—10 月	喜光，稍耐阴，喜温暖 湿润气候，不耐寒，喜肥沃湿润而排水良好的沙壤土	落叶
15	美丽针葵	Phoenix roebelenii	棕榈科		4—5 月	喜光，不耐寒	常绿
16	美花红千层	Callistemon citrinus	桃金娘科		6—8 月	喜温暖湿润气候，耐旱、耐贫瘠、耐水淹、耐低温	常绿
17	毛杜鹃	Rhododendron × pulchrum	杜鹃花科		4—5 月	喜温暖湿润气候，耐阴，忌阳光暴晒	常绿

续上表

序号	名称	拉丁文名	科名	图片	花期	习性	落叶 / 常绿
18	龙船花	Ixora chinensis	茜草科		5—7 月	适合高温及日照充足的环境，喜湿润炎热的气候，不耐低温	常绿
19	九里香	Murraya exotica	芸香科		4—8 月	喜温暖，不耐寒；是阳性树种，宜置于阳光充足、空气流通的地方才能叶茂花繁而香，对土壤要求不严	常绿
20	金森女贞	Ligustrum japonicum 'Howardii'	木犀科		6—7 月	喜光，稍耐阴，耐旱，耐寒，对土壤要求不严生长迅速	常绿
21	夹竹桃	Nerium oleander	夹竹桃科		1—12 月	喜温暖湿润的气候，耐寒力不强；喜光好肥，也能适应较阴的环境，但荫蔽处栽植花少色淡。萌蘖力强，树体受害后容易恢复	常绿
22	鸡爪槭	Acer palmatum	槭树科		5 月	喜欢阳光，忌西射，西射会焦叶，较耐阴	落叶

续上表

序号	名称	拉丁文名	科名	图片	花期	习性	落叶 / 常绿
23	黄金榕	Ficus microcarpa 'Golden Leaves'	桑科		5—6 月	喜半阴、温暖而湿润的气候；较耐寒，适应性强，长势旺盛	常绿
24	黄婵	Allemanda neriifolia	夹竹桃科		5—8 月	属阳性植物，光照不足，开花不多。喜温暖湿润气候，不耐寒	常绿
25	红继木	Loropetalum chinense	金缕梅科		3—4 月	喜光，稍耐阴，但阴时叶色容易变绿。适应性强，耐旱。喜温暖，耐寒冷。萌芽力和发枝力强，耐修剪。耐瘠薄，但适宜在肥沃、湿润的微酸性土壤中生长	常绿
26	海桐	Pittosporum tobira	海桐花科		3—5 月	对气候的适应性较强，能耐寒冷，亦颇耐暑热；喜光，在半阴处也生长良好	常绿

续上表

序号	名称	拉丁文名	科名	图片	花期	习性	落叶/常绿
27	狗牙花	Tabernaemontana divaricata	夹竹桃科		6—11 月	喜高温，湿润环境。抗寒力较低；喜半阴地，全光照下亦能生长良好。喜肥沃，湿润且排水良好的酸性土壤	常绿
28	灰莉	Fagraea ceilanica	马钱科		4—8 月	性喜阳光，耐旱，耐阴，耐寒力强，在南亚热带地区终年青翠碧绿，长势良好；对土壤要求不严，适应性强，粗生易栽培	常绿
29	大红花	Hibiscus rosa-sinensis	锦葵科		1—12 月	强阳性植物，性喜温暖、湿润，要求日光充足，不耐阴，不耐寒、旱	常绿
30	垂榕柱	Ficus benjamina	桑科		2—4 月	喜温暖、湿润和阳光充足环境	常绿

续上表

序号	名称	拉丁文名	科名	图片	花期	习性	落叶 / 常绿
31	巴西野牡丹	Tibouchina seecandra	野牡丹科		8—次年4月	喜阳光充足、温暖、湿润的气候；对土壤要求不高，喜微酸性的土壤。具有较强的耐阴及耐寒能力，在半阴的环境下生长良好	常绿
32	红绒球	Calliandra haematocephala	豆科		4—10 月	阳性植物，需强光；喜爱多肥，耐热、耐旱、不耐阴、耐剪、易移植。冬季休眠期会落叶或半落叶	落叶
33	红车	Syzygium rehderianum	桃金娘科		6—8 月	阳性植物，比较耐高温，喜欢阳光充足的肥沃土壤	常绿
34	黄金香柳	Melaleuca bracteata	桃金娘科		4—6 月	喜光，喜欢温暖湿润的气候，抗旱又抗涝，耐土壤贫瘠，但以肥沃疏松、透气保水的沙壤土上生长最为适合	常绿

续上表

序号	名称	拉丁文名	科名	图片	花期	习性	落叶/常绿
35	洋金凤	Caesalpinia pulcherrima	豆科		1—12月	属热带树种，喜高温高湿的气候环境，耐寒力较差，宜种植于阳光充足处，对土壤的要求不苛刻，沙质土或黏重土均宜，喜酸性土，较耐干旱，亦稍耐水湿	常绿
36	含笑球	Michelia figo	木兰科		4—6月	喜半阴而湿润的环境，避免强烈的阳光直射	常绿
37	双荚槐	Casinbicapsularis	豆科		8—11月	喜光，稍能耐阴，生长快，宜在疏松、排水良好的土壤中生长，肥沃土壤中开花旺盛	落叶
38	紫锦木	Euphorbia cotinifolia	大戟科		4—10月	喜阳光充足、温暖、湿润的环境。要求土壤疏松、肥沃、排水良好	常绿

续上表

序号	名称	拉丁文名	科名	图片	花期	习性	落叶 / 常绿
39	旅人蕉	Ravenala madagascariensis	芭蕉科		7—9 月	喜光，喜高温多湿气候，夜间温度不能低于 8℃。要求疏松、肥沃、排水良好的土壤，忌低洼积涝	常绿
40	红果仔	Eugenia uniflora	桃金娘科		3—4 月	喜温暖湿润的环境，不耐干旱，也不耐寒	常绿
41	彩霞变叶木	Codiaeum Variegatum	大戟科		9—10 月	喜温暖湿润、阳光充足的地方，不耐阴，虽耐干旱，但也易敏感，温度变化大时会引起叶片下垂或枯萎	常绿
42	双荚决明	Senna bicapsularis	豆科		8—10 月	喜光，稍能耐阴，生长快，宜在疏松、排水良好的土壤中生长，肥沃土壤中开花旺盛	落叶

续上表

序号	名称	拉丁文名	科名	图片	花期	习性	落叶 / 常绿
43	山茶	Camellia japonica	山茶科		1—4 月	喜温暖、湿润和半阴环境。怕高温，忌烈日	常绿
44	鸳鸯茉莉	Brunfelsia latifolia	茄科		4—10 月	性喜温暖、湿润、光照充足的气候条件。其耐寒性不强，耐半阴，耐干旱，不耐涝，不耐瘠薄	常绿
45	米仔兰	Aglaia odorata	楝科		5—12 月	喜温暖，向阳，好肥，比较不耐寒，稍耐阴	常绿
46	马缨丹	Lantana camara	马鞭草科		1—12 月	性喜温暖、湿润、阳光充足的环境，喜光，耐干旱，不耐寒	常绿

续上表

序号	名称	拉丁文名	科名	图片	花期	习性	落叶 / 常绿
47	黄脉爵床	Sanchezia nobilis	爵床科		6—7 月	性喜温暖湿润，喜半阴环境	常绿
48	龙血树	Dracaena draco	龙舌兰科		3—5 月	喜阳光充足，也很耐阴。喜高温多湿环境，宜室内栽培	常绿
49	露兜树	Pandanus tectorius	露兜树科		1—5 月	喜光，喜高温、多湿气候，适生于海岸沙地，常生于海边沙地	常绿
50	散尾葵	Chrysalidocarpus lutescens	棕榈科		5 月	性喜温暖湿润、半阴且通风良好的环境，怕冷，耐寒力弱	常绿

续上表

序号	名称	拉丁文名	科名	图片	花期	习性	落叶 / 常绿
51	棕竹	Rhapis excelsa	棕榈科		6—7 月	喜温暖湿润及通风良好的半阴环境，不耐积水，极耐阴，畏烈日	常绿
地被							
1	三角梅	Bougainvillea	紫茉莉科		4—11 月	喜湿、怕积水，耐高温、干旱，忌寒冻，喜肥，抗贫瘠能力强，喜疏松、富含有机质的土壤	常绿
2	大花金鸡菊	Coreopsis grandiflora	菊科		5—9 月	喜肥沃、湿润排水良好的沙壤土。耐旱、耐寒、耐热，适应性强，繁殖容易	常绿
3	多花龙船花	Ixora chinensis	茜草科		3—12 月	喜湿润炎热，不耐低温。喜排水良好、保肥性能好的酸性土壤	常绿

续上表

序号	名称	拉丁文名	科名	图片	花期	习性	落叶 / 常绿
4	风雨花	Zephyranthes carinatag	石蒜科		6—9 月	喜温暖、湿润、阳光充足，耐半阴，耐干旱，耐高温。宜排水良好、富含腐殖质的沙壤土	常绿
5	红继木	Loropetalum chinense	金缕梅科		4—5 月	喜光，稍耐阴，但阴时叶色容易变绿，喜温暖，耐寒冷，萌芽力和发枝力强，耐修剪。耐瘠薄	常绿
6	红叶石楠	Photinia × fraseri	蔷薇科		5—7 月	耐阴、耐旱、不耐水湿、抗盐碱性较好，耐修剪，对土壤要求不严格	常绿
7	花叶良姜	Alpinia vittata	姜科		6—7 月	喜高温多湿环境，不耐寒，怕霜雪，喜阳光，稍耐阴	常绿
8	六月雪	Serissa japonica	茜草科		5—7 月	耐旱力强，喜疏松肥沃、通透性强的微酸性土壤	常绿

续上表

序号	名称	拉丁文名	科名	图片	花期	习性	落叶 / 常绿
9	毛杜鹃	Rhododendron × pulchrum	杜鹃花科		4—5 月	喜温暖、半阴、凉爽、湿润、通风的环境；怕烈日、高温；喜疏松、肥沃、富含腐殖质的偏酸性土壤	常绿
10	茉莉	Jasminum sambac	木犀科		5—8 月	不耐寒、不耐旱，不耐霜冻、湿涝和碱土，喜温暖湿润，喜半阴	常绿
11	爬山虎	Parthenocissus tricuspidata	葡萄科		5—8 月	性喜阴湿，耐旱，耐寒，冬季可耐 -20℃低温。以排水良好的沙质土或壤土为最适宜，生长较快	落叶
12	蒲葵	Livistonachinensis	棕榈科		4 月	喜温暖湿润的气候条件，不耐旱，能耐短期水涝，在肥沃、湿润、有机质丰富的土壤里生长良好	常绿
13	千屈菜	Lythrum salicaria	千屈菜科		6—9 月	喜强光，耐寒性强，喜水湿，对土壤要求不严，在深厚、富含腐殖质的土壤上生长更好	常绿

续上表

序号	名称	拉丁文名	科名	图片	花期	习性	落叶 / 常绿
14	水鬼蕉	Hymenocallis littoralis	石蒜科		6—11 月	喜温暖湿润，不耐寒，喜阳光，喜肥沃的土壤	常绿
15	铜钱草	Hydrocotylevulgaris	伞形科		6—8 月	喜温暖，怕寒冷，喜光照充足，也耐阴蔽	常绿
16	星花	Cuphea hyssopifolia	千屈菜科		1—12 月	属阳性植物，全日照，半日照均理想，稍隐蔽处也能生长，但日照充足生长较旺盛	常绿
17	鸢尾	Iris tectorum	鸢尾科		6—7 月	生于沼泽地或河岸的水湿地，性喜温暖湿润，对土壤要求不严	常绿
18	长春花	Catharanthus roseus	夹竹桃科		1—12 月	性喜高温、高湿、耐半阴，不耐严寒，喜阳光，忌湿怕涝	常绿

续上表

序号	名称	拉丁文名	科名	图片	花期	习性	落叶 / 常绿
19	花叶鹅掌柴	Schefflera actinopylla Variegata	五加科		11—次年1月	性喜暖热湿润气候，喜湿怕干	常绿
20	金叶假连翘	Duranta erecta 'Golden Leaves'	马鞭草科		6—11 月	属阳性植物。性喜高温、湿润气候，不耐阴，抗寒力弱，耐水湿，不耐干旱	常绿
21	红背桂	Excoecaria cochinchinensis	大戟科		1—12 月	性喜暖，宜肥沃、排水良好的沙壤土	常绿
22	白蝴蝶	Syngonium podophyllum.	天南星科		4—5 月	喜高温多湿、疏松肥沃微酸性土壤，适应性强	常绿
23	美人蕉	Canna indica	美人蕉科		3—12 月	喜温暖和充足的阳光，不耐寒，怕强风和霜冻，对土壤要求不严	常绿

续上表

序号	名称	拉丁文名	科名	图片	花期	习性	落叶 / 常绿
24	风车草	Cyperus involucratus	禾本科		6—8 月	喜欢温暖带点湿润的环境，要通风并有阳光照射，阴凉的环境最好，忌暴晒	常绿
25	睡莲	Nymphaea tetragona	睡莲科		6—8 月	性喜温暖，适宜于清水池生长，遇霜冻则叶片和部分水中茎枯死，以地下茎和留存的水中茎越冬	落叶
26	花叶芦竹	Arundo donax 'var. versicolor'	禾本科		9—12 月	生于河岸道旁、沙壤土上，喜光、喜温、耐水湿，较耐寒，不耐干旱和强光	常绿
27	花叶蒲苇	Cortaderia selloana 'Silver Comet'	禾本科		9—10 月	喜温暖湿润的气候，喜阳光充足且能稍耐阴，不耐积水，耐寒	常绿
28	纸莎草	Cyperus papyrus	莎草科		6—7 月	喜温暖及阳光充足的环境，不择土壤，喜光，稍耐阴，喜水，耐干旱	常绿

续上表

序号	名称	拉丁文名	科名	图片	花期	习性	落叶 / 常绿
29	再力花	Thalia dealbata	竹芋科		7—9 月	喜温暖水湿、阳光充足的气候环境，不耐寒冷和干旱，耐半阴，入冬后地上部分逐渐枯死	常绿
30	芦苇	Phragmites australis	禾本科		9—12 月	生于河岸道旁、沙壤土上，喜温暖，喜水湿，耐寒性不强	常绿
31	石菖蒲	Acorus tatarinowii	天南星科		2—6 月	喜阴湿，不耐阳光暴晒，否则叶片会变黄，不耐干旱。稍耐寒	常绿
32	翠芦莉	Ruellia brittoniana Leonard	爵床科		3—10 月	耐高温、耐晒且耐水湿，可种在水边。对光照要求不严，全日照或半日照均可	常绿
33	常春藤	Hedera nepalensis sinensis	五加科		9—11 月	对土壤的要求不严，稍湿润、疏松肥沃的土壤更适合它生长，但土壤中的盐碱含量不能过低	常绿

续上表

序号	名称	拉丁文名	科名	图片	花期	习性	落叶 / 常绿
34	花叶络石	Trachelospermum jasminoides 'Flame'	夹竹桃科		1—12 月	适宜在排水良好的酸性、中性土壤环境中生存，性强健，抗病能力强，生长旺盛	常绿
35	蒜香藤	Mansoa alliacea	紫葳科		3—9 月	性喜温暖湿润气候和阳光充足的环境，对土质要求不高，全日照的环境最佳	常绿
36	龙吐珠	Clerodendrum thomsoniae	马鞭草科		3—5 月	喜温暖、湿润和阳光充足的半阴环境，不耐寒	常绿
37	茉莉花	Jasminum sambac	木犀科		5—8 月	性喜温暖湿润，在通风良好、半阴的环境生长最好	常绿
38	丝兰	Yucca smalliana	龙舌兰科		6—9 月	性强健，容易成活，对土壤适应性很强，性极耐寒，性喜阳光充足及通风良好的环境	常绿

续上表

序号	名称	拉丁文名	科名	图片	花期	习性	落叶 / 常绿
39	七彩马尾铁	Dracaene marginata	百合科		5—6 月	喜高温高湿环境，不耐寒，要保持叶片的色彩美需要充足的光线，在半阴条件下较适宜生长	常绿
40	马利筋	Asclepias curassavica	萝藦科		8—12 月	喜向阳、通风、温暖、干燥环境，不择土壤，为阳性植物，半耐寒（0℃以上）	常绿
41	海芋	Alocasia macrorrhiza	天南星科		1—12 月（但在密阴的林下常不开花）	喜高温、潮湿，耐阴，不宜强风吹，不宜强光照	常绿
42	春羽	Philodenron selloum Koch	天南星科		3—4 月	喜欢高温并且湿润的生长环境，对光线的要求不高，耐阴的能力较强；春羽比较不耐寒	常绿
43	芙蓉菊	Crossostephium chinense (L.) Makino	管状花亚科		1—12 月	喜阳光充足且较耐阴，光照过强或过弱均不利生长；喜潮湿环境，空气湿度大有利生长	常绿

续上表

序号	名称	拉丁文名	科名	图片	花期	习性	落叶 / 常绿
44	蔓花生	Arachis duranensis	豆科		4—5 月	全日照及半日照下均能生长良好，有较强的耐阴性。对土壤要求不严	常绿
45	蟛蜞菊	Sphagneticola calendulacea	管状花亚科		3—9 月	适应性广泛，喜肥沃湿润土壤	常绿
46	美女樱	Verbena × hybrida	马鞭草科		5—11 月	喜阳光、不耐阴，较耐寒、耐阴差、不耐旱	常绿
47	吉祥草	Reineckia carnea	百合科		7—11 月	性喜温暖、湿润的环境，较耐寒耐阴，对土壤的要求不高，适应性强，以排水良好肥沃壤土为宜	常绿
48	麦冬	Ophiopogon japonicus	百合科		5—8 月	喜温暖湿润，对土壤条件有特殊要求，宜于土质疏松、肥沃湿润、排水良好的微碱性沙壤土	常绿

续上表

序号	名称	拉丁文名	科名	图片	花期	习性	落叶 / 常绿
49	佛甲草	Sedum lineare	景天科		4—5 月	适应性极强，不择土壤，可以生长在较薄的基质上，其耐干旱能力极强，耐寒力亦较强	常绿
50	肾蕨	Nephrolepis auriculata	肾蕨科		5—9 月	喜温暖潮湿的环境，自然萌发力强，喜半阴，忌强光直射，对土壤要求不严，以疏松、肥沃、透气、富含腐殖质的中性或微酸性沙壤土生长最为良好，不耐寒、较耐旱，耐瘠薄	常绿
51	香蒲	Typha orientalis	香蒲科		5—8 月	喜高温多湿气候，对土壤要求不严，在黏土和沙壤土上均能生长	常绿
52	细叶芒	Miscanthus sinensis 'Gracillimus'	禾本科		9—10 月	耐半阴，耐旱，也耐涝	常绿
竹类							
1	刚竹	Phyllostachys sulphurea 'Viridis '	禾本科		—	喜肥沃、湿润、排水和透气性良好的酸性沙质土	常绿

续上表

序号	名称	拉丁文名	科名	图片	花期	习性	落叶 / 常绿
2	黄金间碧竹	Bambusa vulgaris Schrader 'Vittata'	禾本科		—	耐寒性稍弱，喜光而略耐半阴，在疏松湿润的沙壤土或冲积土上生长快	常绿
3	琴丝竹	Bambusa multiplex cv.	禾本科		—	喜温暖湿润气候，怕积水，具有较强的抗旱能力和耐寒性	常绿
4	孝顺竹	Bambusa multiplex	禾本科		—	不耐寒，喜光耐半阴，生长快，喜温暖湿润气候及排水良好、湿润的土壤	常绿
5	佛肚竹	Bambusa ventricosa	禾本科		—	性喜温暖、湿润、不耐寒。宜在肥沃、疏松、湿润、排水良好的沙壤土中生长	常绿

续上表

序号	名称	拉丁文名	科名	图片	花期	习性	落叶 / 常绿
6	观音竹	Bambusa multiplex riviereorum	禾本科		—	喜酸性、微酸性或中性土壤	常绿
7	粉单竹	Bambusa chungii	禾本科		—	适生土壤酸性至中性 (pH 值 4.5~7.0)，土层深厚、疏松肥沃、水气通透性良好，排灌方便的沿岸河滩地、村前屋后或丘陵山脚	常绿

附录2
广东省高速公路不同片区绿化树种推荐使用表

广东省高速公路不同片区绿化树种推荐使用表　　附表2.0.1

片区	市县分布情况	气候特征	推荐树种（常用）			
			位置	乔木	灌木	地被
北内陆区	英德、韶关、佛冈、清远、广宁、肇庆以北、河源以北、梅州以北	北内陆区受海洋气团影响弱，而受大陆气团及地形影响较大。具有冬天冷夏天热、温差较大，日照的季节变化大、春季寡照强，干湿季交替明显，雨季开始早，前汛期雨量远较后汛期雨量丰富等特点	边坡	不建议	不建议	混播多种草籽（四季有绿）、爬山虎、大花金鸡菊
			中央分隔带	不建议	红叶石楠、红继木、红千层、红车、海桐、狗牙花、苏铁、垂榕柱	草皮
			路侧	不建议	冬青、海桐、桂花、毛杜鹃、红继木、狗牙花、黄金榕、六月雪、油茶、九里香、苏铁、垂榕柱、圆柏、双荚槐、红叶石楠、红千层、夹竹桃、红车	草皮
			隧道进出口	枫香、大叶紫薇、小叶紫薇、山乌柏、木芙蓉、阴香、山杜英、红花羊蹄甲、香樟、腊肠树、乌柏、糖胶树、黄金香柳	红叶石楠、红车、红千层、夹竹桃、毛杜鹃、红继木、狗牙花、双荚槐	草皮
			互通内	香樟、乐昌含笑、小叶紫薇、阴香、橄榄、秋枫、乌柏、麻楝、楝树、仪花、泡桐、台湾相思、腊肠树、马尾松、落羽杉、红花荷、山杜英、榕树、大叶紫薇、红花羊蹄甲、高山榕、垂叶榕、喜树、洋紫荆、龙眼、枫香、海南蒲桃、梅、木荷、杜英、白兰、银杏、鸡蛋花、糖胶树、银叶金合欢、黄金香柳、紫叶李、南洋杉、紫花风铃木、玉兰	毛杜鹃、红继木、狗牙花、黄金榕、九里香、桂花、苏铁、垂榕柱、木芙蓉、海桐、红叶石楠、红千层、夹竹桃、红车、野蔷薇、丝葵、双荚槐	草皮

续上表

片区	市县分布情况	气候特征	推荐树种（常用）			
			位　置	乔　木	灌　木	地被
北内陆区			服务区/生活区	香樟、垂叶榕、阴香、杜英、梅、红花羊蹄甲、乐昌含笑、铁冬青、小叶紫薇、乌桕、枇杷、腊肠树、喜树、台湾相思、大叶紫薇、秋枫、山杜英、榕树、高山榕、洋紫荆、梅、龙眼、枫香、海南蒲桃、罗汉松、楝树、白兰、木荷、银杏、鸡蛋花、糖胶树、银叶金合欢、黄金香柳、红果冬青、垂柳、玉兰、黄花槐、樱花、三华李、紫叶李、桃花、紫花风铃木	冬青、海桐、毛杜鹃、红继木、黄金榕、狗牙花、南天竹、六月雪、油茶、苏铁、桂花、九里香、狗牙花、垂榕柱、红叶石楠、红千层、夹竹桃、红车、圆柏、双荚槐	红叶石楠、毛杜鹃、红继木、鼠尾草、草皮
南沿海区	广州、东莞、惠州、中山、江门、云浮、深圳、珠海、佛山、茂名、汕头、惠州、阳江、湛江、潮州、揭阳、肇庆以南、河源以南、梅州以南	夏长冬暖，雨量丰沛，雨季长，夏秋多台风暴雨，常年相对较暖	边坡	不建议	不建议	混播多种草籽（四季有绿）、三角梅、爬山虎、大花金鸡菊
			中央分隔带	不建议	垂榕柱、红继木、龙船花、狗牙花、大红花、灰莉、红叶石楠、红车、红千层、软枝黄婵、巴西野牡丹、黄金叶、花叶假连翘、鹅掌柴、福建茶	草皮
			路侧	不建议	毛杜鹃、红花继木、黄金榕、垂榕柱、龙船花、九里香、桂花、狗牙花、海桐、苏铁、灰莉、栀子花、木芙蓉、红千层、软枝黄婵、三角梅、夹竹桃、红叶石楠、红车、巴西野牡丹、红绒球、双荚槐、黄金叶、散尾葵、红背桂、花叶假连翘、变叶木、鹅掌柴、福建茶、洋金凤	草皮、蟛蜞菊
			隧道进出口	枫香、大叶紫薇、小叶紫薇、山乌桕、木芙蓉、阴香、山杜英、红花羊蹄甲、香樟、凤凰木、腊肠树、长芒杜英、乌桕、木棉、复羽叶栾树、白千层、黄槐、小叶榄仁、黄花风铃木、美丽异木棉、四季桂、南洋杉	毛杜鹃、红继木、红千层、夹竹桃、红叶石楠、红车、三角梅、双荚槐、黄金叶	草皮

续上表

片区	市县分布情况	气候特征	推荐树种（常用）			
			位　置	乔　木	灌　木	地被
南沿海区			互通内	香樟、乐昌含笑、麻楝、大叶紫薇、小叶紫薇、秋枫、红花羊蹄甲、阴香、杜英、人面子、腊肠树、喜树、台湾相思、池杉、凤凰木、马尾松、木麻黄、黄槿、木棉、榕树、楝树、长芒杜英、白兰、山杜英、高山榕、垂叶榕、洋紫荆、杧果、复羽叶栾树、幌伞枫、龙眼、波萝蜜、枫香、海南蒲桃、梅、火力楠、落羽杉、木荷、银叶金合欢、黄槐、鸡蛋花、小叶榄仁、火焰木、糖胶树、紫檀、澳洲鸭脚木、白千层、黄金香柳、大腹木棉、鸡冠刺桐、玉兰、美丽异木棉、黄花槐、黄花风铃木、大叶榕、南洋杉、南洋楹、桃花心木、紫花风铃木、蓝花楹	毛杜鹃、红继木、黄金榕、垂榕柱、龙船花、九里香、桂花、狗牙花、苏铁、灰莉、栀子花、木芙蓉、红千层、三角梅、夹竹桃、红叶石楠、红车、软枝黄婵、巴西野牡丹、蟛蜞菊、红绒球、双荚槐、黄金叶、红背桂、花叶假连翘、变叶木、鹅掌柴、散尾葵、福建茶	缀花草籽、草皮
			服务区 / 生活区	木棉、香樟、杜英、乐昌含笑、麻楝、大叶紫薇、小叶紫薇、红花油茶、秋枫、红花羊蹄甲、复羽叶栾树、阴香、荔枝、人面子、凤凰木、台湾相思、腊肠树、喜树、山杜英、长芒杜英、水蒲桃、黄槿、龙眼、苹婆、假苹婆、铁冬青、仪花、枇杷、火力楠、白兰、高山榕、垂叶榕、楝树、洋紫荆、梅、杧果、幌伞枫、波萝蜜、枫香、海南蒲桃、罗汉松、榕树、木荷、银叶金合欢、黄槐、鸡蛋花、小叶榄仁、火焰木、糖胶树、紫檀、澳洲鸭脚木、白千层、黄金香柳、大腹木棉、鸡冠刺桐、玉兰、美丽异木棉、大叶榕、四季桂、三华李、黄花风铃木、三华李、南洋杉、南洋楹、桃花心木、紫花风铃木、蓝花楹	毛杜鹃、红继木、黄金榕、垂榕柱、苏铁、九里香、龙船花、海桐、桂花、狗牙花、灰莉、南天竹、木芙蓉、软枝黄婵、红千层、三角梅、夹竹桃、红叶石楠、红车、巴西野牡丹、米仔兰、美丽针葵、红绒球、双荚槐、黄金叶、花叶假连翘、福建茶、散尾葵、洋金凤	栀子花、红背桂、朱蕉、长春花、变叶木、鹅掌柴、翠芦莉、草皮

附录3
广东省高速公路部分常用绿化植物固碳能力分级表

广东省高速公路部分常用绿化植物固碳能力分级表　　附表3.0.1

程度等级	树　　种
强 CO_2（$g·m^{-2}$）>12 O_2（$g·m^{-2}$）>8.7	凤凰木、火力楠、乌桕、垂柳、圆柏、木芙蓉、大花金鸡菊、六月雪、鸢尾
较强 $10<CO_2$（$g·m^{-2}$）$\leqslant 12$ $7.3<O_2$（$g·m^{-2}$）$\leqslant 8.7$	杧果、水浦桃、山杜英、尖叶杜英、红花羊蹄甲、细叶榄仁、桂花、复羽叶栾树、米仔兰、木槿、灰莉、九里香、红继木、鼠尾草
中等 $6<CO_2$（$g·m^{-2}$）$\leqslant 10$ $4.4<O_2$（$g·m^{-2}$）$\leqslant 7.3$	香樟、幌伞枫、广玉兰、乐昌含笑、枇杷、罗汉松、栾树、鸡冠刺桐、鸡蛋花、白玉兰、紫玉兰、小叶紫薇、紫叶李、鸡爪槭、梅花、四季桂、美花红千层、夹竹桃、苏铁、海桐、黄金榕、大红花、三角梅、金森女贞、毛杜鹃、红叶石楠、龙船花、南天竹、栀子花、千屈菜、朱蕉、炮仗花
较弱 $4<CO_2$（$g·m^{-2}$）$\leqslant 6$ $2.9<O_2$（$g·m^{-2}$）$\leqslant 4.4$	大叶榕、麻楝、朴树、细叶榄仁、白兰、深山含笑、荔枝、大叶紫薇、油茶、樱花、月季石榴、狗牙花、垂榕柱、茉莉、美丽针葵、爬山虎
弱 CO_2（$g·m^{-2}$）<4 O^2（$g·m^{-2}$）<2.9	木棉、美丽异木棉、大腹木棉、丝葵、蒲葵

附录4
广东省高速公路常见绿化植物病虫害及防治方法

广东省高速公路常见绿化植物病虫害及防治方法　　附表4.0.1

序号	名称	拉丁文名	科名	病害	虫害	防治方法
乔木						
1	香樟	Cinnamomum camphora	樟科	炭疽病	樟巢螟、樟果螟、樟叶蜂、樟个木虱、网蝽、樟白轮盾蚧、叶螨	病害：使用咪鲜胺、嘧菌酯、苯醚甲环唑等药剂。 虫害：食叶害虫使用甲维盐、高效氯氰菊酯等药剂；刺吸害虫使用吡虫啉、啶虫脒等药剂；蚧虫类使用噻虫嗪、毒死蜱等药剂：螨类使用阿维菌素、螺螨酯等药剂
2	樱花	Prunus subg	蔷薇科	—	蚜、蓟马、蚧	虫害：刺吸害虫使用吡虫啉、啶虫脒等药剂；蚧虫类使用噻虫嗪、毒死蜱等药剂
3	阴香	Cinnamomum burmanni	樟科	炭疽病	樟巢螟、凤蝶、樟个木虱、樟白轮盾蚧	病害：使用咪鲜胺、嘧菌酯、苯醚甲环唑等药剂。 虫害：食叶害虫使用甲维盐、高效氯氰菊酯、阿维菌素等药剂；刺吸害虫使用吡虫啉、啶虫脒等药剂；蚧虫类使用噻虫嗪、毒死蜱等药剂
4	羊蹄甲	Bauhinia purpurea	豆科	炭疽病、叶斑病	斜纹拟木蠹蛾、棉古毒蛾、木虱、蛾蜡蝉、金龟	病害：使用咪鲜胺、嘧菌酯、丙环唑、苯醚甲环唑等药剂。 虫害：食叶害虫使用甲维盐、高效氯氰菊酯等药剂，蛀干害虫再加入树皮渗透剂；刺吸害虫使用吡虫啉、啶虫脒等药剂；金龟可使用灯光诱杀
5	小叶紫薇	Lagerstroemia indica	千屈菜科	白粉病	棉古毒蛾、棕斑澳黄毒蛾、紫薇长斑蚜、瘿螨	病害：使用戊唑醇、丙环唑等药剂。 虫害：食叶害虫使用甲维盐、高效氯氰菊酯等药剂；刺吸害虫使用吡虫啉、啶虫脒等药剂；螨类使用阿维菌素、螺螨酯等药剂
6	细叶榄仁	Terminalia neotaliala	使君子科	叶斑病	蓟马	病害：使用咪鲜胺、嘧菌酯、苯醚甲环唑等药剂。 虫害：使用吡虫啉、噻虫嗪、啶虫脒等药剂

续上表

序号	名称	拉丁文名	科名	病害	虫害	防治方法
7	乌桕	Triadica sebifera	大戟科	—	咖啡豹蠹蛾	虫害：使用甲维盐、高效氟氯氰菊酯等加树皮渗透剂
8	桃花	Prunus persica	蔷薇科	—	桃一点斑叶蝉	虫害：使用吡虫啉、噻虫嗪、啶虫脒等药剂
9	四季桂	Osmanthus fragrans var. 'Semperflorens'	木犀科	褐斑病	—	病害：使用咪鲜胺、嘧菌酯、苯醚甲环唑等药剂
10	深山含笑	Michelia maudiaeDunn	木兰科	藻斑病	—	病害：剪除带病叶片，增加通风透光，使用波尔多液、石硫合剂等药剂
11	肉桂	Cinnamomum cassiaPresl	樟科	炭疽病	—	病害：使用咪鲜胺、嘧菌酯、苯醚甲环唑等药剂
12	榕树	Ficus microcarpa	桑科	褐根病	榕八星天牛、斜纹拟木蠹蛾、榕透翅毒蛾、朱红毛斑蛾、榕卵痣木虱、榕管蓟马、埃及吹绵蚧	病害：清理病菌组织，使用咪鲜胺、嘧菌酯、苯醚甲环唑等药剂喷淋。 虫害：食叶害虫使用甲维盐、高效氯氰菊酯等药剂；刺吸害虫使用吡虫啉、啶虫脒等药剂；蚧虫类使用噻虫嗪、毒死蜱等药剂
13	秋枫	Bischofia javanica	大戟科	叶斑病	栗黄枯叶蛾、灰同缘小叶蝉、瘿螨	病害：使用咪鲜胺、嘧菌酯、苯醚甲环唑等药剂。 虫害：食叶害虫使用甲维盐、高效氯氰菊酯等药剂；刺吸害虫使用吡虫啉、啶虫脒等药剂；螨类使用阿维菌素、螺螨酯等药剂
14	朴树	Celtis sinensis	榆科	—	朴童锤角叶蜂、朴绵蚜	虫害：食叶害虫使用甲维盐、高效氯氰菊酯等药剂；刺吸害虫使用吡虫啉、啶虫脒等药剂
15	木棉	Bombax ceiba Linnaeus	木棉科	叶斑病	天牛、乔木虱、叶蝉	病害：使用咪鲜胺、嘧菌酯、苯醚甲环唑等药剂。 虫害：蛀干害虫使用甲维盐、高效氟氯氰菊酯等加树皮渗透剂；刺吸害虫使用吡虫啉、啶虫脒等药剂
16	杧果	Mangifera indica	漆树科	褐斑病	叶蝉、叶瘿蚊	病害：使用咪鲜胺、嘧菌酯、苯醚甲环唑等药剂。 虫害：刺吸害虫使用吡虫啉、啶虫脒等药剂
17	罗汉松	Podocarpus macrophyllus	罗汉松科	—	橙带蓝尺蛾、新叶蚜	虫害：食叶害虫使用甲维盐、高效氯氰菊酯等药剂；刺吸害虫使用吡虫啉、啶虫脒等药剂

续上表

序号	名称	拉丁文名	科名	病害	虫害	防治方法
18	龙眼	Dimocarpus longan	无患子科	毛毡病	拟木蠹蛾、龙眼角颊木虱、荔枝蝽	病害：使用咪鲜胺、嘧菌酯、苯醚甲环唑等药剂；毛毡病由瘿螨引起。 虫害：蛀干害虫使用甲维盐、高效氟氯氰菊酯等加树皮渗透剂；刺吸害虫使用吡虫啉、啶虫脒等药剂
19	荔枝	Litchi chinensis	无患子科	毛毡病	拟木蠹蛾、龙眼角颊木虱、荔枝蝽	病害：使用咪鲜胺、嘧菌酯、苯醚甲环唑等药剂；毛毡病由瘿螨引起。 虫害：蛀干害虫使用甲维盐、高效氟氯氰菊酯等加树皮渗透剂；刺吸害虫使用吡虫啉、啶虫脒等药剂
20	腊肠树	Cassia fistula	蝶形花科	—	迁粉蝶、斑螟、叶螨	虫害：食叶害虫使用甲维盐、高效氯氰菊酯等药剂；螨类使用阿维菌素、螺螨酯等药剂
21	尖叶杜英	Elaeocarpus apiculatus	杜英科	溃疡病	—	病害：使用咪鲜胺、嘧菌酯、苯醚甲环唑等药剂
22	鸡冠刺桐	Erythrina crista-galli	豆科	—	黑刺粉虱	虫害：刺吸害虫使用吡虫啉、啶虫脒等药剂
23	鸡蛋花	Plumeria rubra 'Acutifolia'	夹竹桃科	锈病	粉蚧、叶螨	病害：使用戊唑醇、丙环唑等药剂。 虫害：蚧虫类使用噻虫嗪、毒死蜱等药剂；螨类使用阿维菌素、螺螨酯等药剂
24	幌伞枫	Heteropanax fragrans	五加科	—	叶蝉	虫害：刺吸害虫使用吡虫啉、啶虫脒等药剂
25	黄槿	Hibiscus tiliaceus	锦葵科	—	卷叶螟蛾	虫害：食叶害虫使用甲维盐、高效氯氰菊酯等药剂
26	黄金熊猫	Xanthostemon chrysanthus	桃金娘科	—	斜纹拟木蠹蛾、栗黄枯叶蛾	虫害：食叶害虫使用甲维盐、高效氯氰菊酯等药剂，蛀干害虫添加树皮渗透剂
27	黄槐	Cassia surattensis	豆科	—	黑刺粉虱、蚜	虫害：刺吸害虫使用吡虫啉、啶虫脒等药剂
28	黄花风铃木	Handroanthus chrysanthus	紫葳科	—	斜纹拟木蠹蛾、蚜	虫害：蛀干害虫使用甲维盐、高效氟氯氰菊酯等加树皮渗透剂；刺吸害虫使用吡虫啉、啶虫脒等药剂
29	红花油茶	Camellia Chekiangoleosa	山茶科	藻斑病	—	病害：剪除带病叶片，增加通风透光，使用波尔多液、石硫合剂等药剂

续上表

序号	名称	拉丁文名	科名	病害	虫害	防治方法
30	红花羊蹄甲	Bauhinia × blakeana	豆科	炭疽病、叶斑病	斜纹拟木蠹蛾、棉古毒蛾、木虱、蛾蜡蝉、金龟	病害：使用咪鲜胺、嘧菌酯、苯醚甲环唑等药剂。 虫害：食叶害虫使用甲维盐、高效氯氰菊酯等药剂，蛀干害虫再加入树皮渗透剂；刺吸害虫使用吡虫啉、啶虫脒等药剂；金龟可使用灯光诱杀
31	桂花	Osmanthus fragrans	木犀科	褐斑病	—	病害：使用咪鲜胺、嘧菌酯、苯醚甲环唑等药剂
32	广玉兰	Magnolia Grandiflora	木兰科	叶斑病	—	病害：使用咪鲜胺、嘧菌酯、苯醚甲环唑等药剂
33	凤凰木	Delonix regia	豆科	根腐病	凤凰木夜蛾、盾蚧	病害：清理病菌组织，使用咪鲜胺、嘧菌酯、苯醚甲环唑等药剂喷淋
34	大叶紫薇	Lagerstroemia speciosa	千屈菜科	—	细皮瘤蛾、长斑蚜、金龟	虫害：食叶害虫使用甲维盐、高效氯氰菊酯等药剂；刺吸害虫使用吡虫啉、啶虫脒等药剂；金龟可使用灯光诱杀
35	大叶榕	Ficus altissima	桑科	叶斑病	榕八星天牛	病害：使用咪鲜胺、嘧菌酯、苯醚甲环唑等药剂。 虫害：蛀干害虫使用甲维盐、高效氟氯氰菊酯等加树皮渗透剂
36	大腹木棉	Ceiba speciosa	木棉科	叶斑病	—	病害：使用咪鲜胺、嘧菌酯、苯醚甲环唑等药剂
37	垂柳	Salix babylonica	杨柳科	—	天牛、叶甲、蚜	虫害：食叶害虫使用甲维盐、高效氯氰菊酯等药剂，蛀干害虫再加入树皮渗透剂；刺吸害虫使用吡虫啉、啶虫脒等药剂
38	白兰	Michelia alba	木兰科	炭疽病、煤污病	凤蝶、丽绵蚜、埃及吹绵蚧	病害：使用咪鲜胺、嘧菌酯、苯醚甲环唑等药剂。 虫害：食叶害虫使用甲维盐、高效氯氰菊酯等药剂；刺吸害虫使用吡虫啉、啶虫脒等药剂；蚧虫类使用噻虫嗪、毒死蜱等药剂

续上表

序号	名称	拉丁文名	科名	病害	虫害	防治方法
39	大树菠萝	Artocarpus heterophyllus	桑科	—	埃及吹绵蚧	虫害：蚧虫类使用噻虫嗪、毒死蜱等药剂
40	高山榕	Ficus altissima	桑科	—	朱红毛斑蛾、蜡蚧	虫害：食叶害虫使用甲维盐、高效氯氰菊酯等药剂；蚧虫类使用噻虫嗪、毒死蜱等药剂
41	假苹婆	Sterculia lanceolata	梧桐科	—	木虱	虫害：刺吸害虫使用吡虫啉、啶虫脒等药剂
42	人面子	Dracontomelon duperreanum	漆树科	叶斑病	天牛、小蠹	病害：使用咪鲜胺、嘧菌酯、苯醚甲环唑等药剂
43	火焰木	Spathodea campanulata	紫葳科	—	蚜	虫害：刺吸害虫使用吡虫啉、啶虫脒等药剂
44	海南红豆	Ormosia pinnata	蝶形花亚科	根腐病、角斑病	砂蛀蛾	（1）可用 70% 的石灰粉与 30% 的草木灰混合施用，效果较好。 （2）角斑病用 1：1：100 的波尔多液喷雾防治。 （3）砂蛀蛾剪除枯梢，消灭幼虫
45	天竺桂	Cinnamomum japonicum	樟亚科	天竺桂粉实病、天竺桂叶斑病、茎腐病	蛀梢象鼻虫	（1）天竺桂粉实病春季天竺桂孕花期至秋季果实成熟期，每隔 15~20d 喷 1 次杀菌剂，杀菌剂用 1% 等量式波尔多液。 （2）天竺桂叶斑病用 25% 火把可湿性粉剂对天竺桂叶斑病病原菌菌落生长的速率、孢子的萌发率及叶片感染率的抑制作用最大，其次为露易和腈福 2 种杀菌剂。 （3）可用 50% 多菌灵可湿性粉剂每 $1m^2$1.5g 喷粉或 50% 代森锌 500 倍液，每 $1m^2$ 浇灌 2~3kg 药水。 （4）对蛀梢象鼻虫，一是在 3 月成虫产卵期及 5 月中下旬成虫盛发期用 621 烟剂熏杀成虫，每亩用药 0.5~1kg。二是在 4 月上旬用 40% 乐果乳剂 400~600 倍液喷洒新梢，可杀死梢中幼虫。三是在发现新梢叶片萎蔫时，及时剪除被害新梢，集中烧毁

续上表

序号	名称	拉丁文名	科名	病害	虫害	防治方法
46	菩提树	Ficus religiosa	桑科	猝倒病、黑斑病	菩提树幼苗期蚜虫、蛾类幼虫等危害顶芽及嫩叶，尤其是蚜虫，常群集于幼苗嫩叶背面啃吃叶肉	（1）病害化学防治可采用 80% 代森锰锌可湿性粉剂 0.167% 浓度的溶液，或用 60% 多菌灵、75% 百菌清 0.125% 浓度层溶液喷洒或两种混合液喷施效果更佳，每隔 7d 喷洒 1 次，连续喷洒 3 次可达到最好的防治效果。 （2）虫害化学防可采用 90% 敌百虫 0.125% 浓度的溶液或 40% 氧化乐果 0.1%~0.125% 浓度的溶液均喷洒于嫩叶正、背面，均可达到一定的防治效果
47	黄葛树	Ficus virens	桑科	白粉病、叶斑病	灰白蚕蛾、蚧壳虫	叶斑病可摘去病叶，喷洒波尔多液；黄化病可用 0.1%~0.2% 硫酸亚铁溶液喷洒叶面；白粉病可用波美 0.3~0.5 度硫合剂喷洒；害虫可使用乐斯本、高效菊酯类、阿维菌素、灭幼脲、苏云金杆菌等防治虫害；蚧壳虫可用 40% 的乐果乳油 1000~1500 倍溶液，或用 80% 敌敌畏 1000~1500 倍溶液喷杀
48	桃花心木	Swietenia mahagoni	楝科	猝倒病、根腐病	桃花心木皮细蛾	（1）猝倒病用 500~1000 倍的硝基苯稀释液时消毒苗床、土壤。 （2）根腐病可用 3~6L/m 的克菌丹溶液消毒土壤。 （3）喷施低毒有机杀虫剂于叶面上防治
49	白千层	Melaleucaleucaden	桃金娘科	根腐病	地老虎、大蟋蟀	（1）根腐病用 50% 退菌特 1000 倍液喷射。 （2）地老虎采用 48% 地蛆灵乳油 1500 倍液、48% 乐斯本乳油或 48% 天达毒死蜱 2000 倍液等地表喷雾。 （3）大蟋蟀用麦麸、米糠或各类青茶叶加入 0.1% 敌百虫配成毒饵，于傍晚投放于洞穴口上风处诱杀，在水源方便的地区，可向洞穴灌水
50	蓝花楹	Jacaranda mimosifolia	紫葳科	茎腐病	天牛	茎腐病在 3—8 月可喷药防治，5 月中旬、7 月的发病初期可在发病植株上喷施 38% 恶霜嘧酮菌酯 1000 倍液或 30% 甲霜、恶霉灵 800 倍液或福美双 500 倍药液。 虫害：发现树干基部有红褐色粪屑时，可用小刀挑开树皮皮层捕捉幼虫；也可在成虫发生前，在树干基部 80cm 以下涂生石灰 10 份、硫黄 1 价和食盐的混合液，以防成虫产卵

续上表

序号	名称	拉丁文名	科名	病害	虫害	防治方法
51	糖胶树	Alstonia scholaris	夹竹桃科	较少	绿翅绢野螟、圆盾蚧、木虱	（1）绿翅绢野螟发生初期注意摘除虫苞，杀灭幼虫和蛹；在幼虫盛发期用 90% 敌百虫或 80% 敌敌畏 1000 倍液喷雾。 （2）圆盾蚧 2% 机油乳剂 400 倍液加 20% 杀扑磷 2500 倍液防治。 （3）木虱用 40% 乐果乳剂 1000 倍液；合成洗衣粉 400~500 倍液；松脂合剂 15~20 倍液喷洒防治
52	苹婆	Sterculia nobilis	梧桐科	炭疽病	木虱	（1）炭疽病防治可在清理园圃的基础上全面喷施 1% 波尔多液或 30% 氧氯化铜悬浮剂 600 倍液。 （2）木虱在低龄若虫期喷施 20% 速灭杀丁乳油 3000 倍液，或 95% 灭幼脲水剂 1000 倍液，交替连喷 3~4 次，隔 7~15d 1 次
53	枫香树	Liquidambar formosana	金缕梅科	漆斑病、黑斑病、白粉病、叶斑病、猝倒病、根腐病	棕色天幕毛虫	病害可用光合素 + 双佳杀菌剂、光合素 + 扫斑 + 贝翠 800 倍液等进行防治；害虫可用 25% 灭幼脲Ⅲ号 3500 倍液，或 20% 杀灭菊酯 2000 倍液，或 40% 氧化乐果 800 倍液，用机动喷雾机于傍晚喷雾树冠，防治效果均在 90% 以上。还可用菊酯类药液喷入网幕内，防效达 95% 以上
54	水石榕	Elaeocarpus hainanensis	杜英科	较少	铜绿金龟子、蛴螬、地老虎	（1）铜绿金龟子时应掌握成虫盛期，既可震落捕杀，也可用 50% 敌敌畏乳剂 800 倍液毒杀。 （2）防治蛴螬、地老虎等地下害虫咬食，可用敌敌畏溶液，用竹签在床面插洞灌浇
55	银桦	Grevillea robusta	山龙眼科	（1）银桦树心腐病。 （2）银桦树白粉病。 （3）银桦树锈病	（1）杨柳光叶甲。 （2）舞毒蛾	舞毒蛾幼虫 3 龄期左右进行化学烟剂防治，放烟时间一般掌握在清晨或傍晚时出现逆温层时进行，烟点之间的距离为 7m，烟点带间的距离为 300m，如果超过 300m，则应补充辅助烟带

续上表

序号	名称	拉丁文名	科名	病害	虫害	防治方法
56	南洋楹	Albizia falcataria (Linn.) Fosberg	豆科	猝倒病、黄化病	尺蠖幼虫、小金龟子	（1）可每隔 3~5d 喷一次 1g/L 多菌灵溶液进行预防猝倒病；可每隔 10d 喷一次 2g/L 代森锌溶液防治黄化病。 （2）用 90% 敌百虫 1.25~2.00g/L 溶液喷杀或用 21 % 的灭杀毙乳油 0.100~0.125ml/L 溶液喷杀，幼树 2~3 年生时须防治蛀干害虫危害
57	串钱柳	Callistemon viminalis	桃金娘科	黑斑病	较少	（1）预防用 800~1000 倍的多菌灵，甲基托布津，百菌清等杀菌药。 （2）种植时要用呋喃丹、线克，克线丹拌土种植预防
58	人心果	Manilkara zapota	山榄科	炭疽病	蚜虫、叶斑病	（1）炭疽病：可用 70% 甲基托布津防治，冬季清园时，烧毁病枝病叶，可减少发生。 （2）蚜虫：新梢期易发蚜虫。可喷松碱合剂防治。 （3）叶斑病：在发病前期可用甲基托布喷雾
59	芭蕉	Musa basjoo	芭蕉科	黄条叶斑病、黑条叶斑病	香蕉双带象甲	在发病初期、清除病叶后以及大风暴雨后及时用药防治，每隔 7~10d 喷 1 次，连续喷 3 次。防治药剂可选 64% 杀毒矾 800 倍液、70% 代森锰锌 700 倍液、77% 可杀得 1000 倍液、25% 必扑尔 1000 倍液等，以上药剂要交替使用；害虫可在前期找到蛀口，用针筒注入 3~5ml 的敌敌畏熏杀
60	塔柏	Juniperus chinensis 'Pyramidalis'	柏科	圆柏梨锈病、圆柏苹果锈病、圆柏石楠锈病	蛞蝓、鼠妇、蜗牛	这些病以塔柏为越冬寄主。对塔柏本身虽伤害不太严重，但对梨、苹果、海棠、石楠等则危害颇巨，故应注意防治，最好避免在苹果、梨园等附近种植。定期清理温室内外环境，鼠妇可用 20% 杀灭菊酯 2000 倍液或 25% 西维因 500 倍液，发生严重时，可将 30% 久效磷合剂 3000 倍液喷洒于花盆、地面和植株上；发现蛞蝓随见随杀，特别是每年的 4 月，更应当加大人工捕杀力度。在花盆周围撒施石灰粉或泼浇五氯酚钠。五氯酚钠毒性较大， 用时需慎重

续上表

序号	名称	拉丁文名	科名	病害	虫害	防治方法
61	水杉	Metasequoia glyptostroboides	杉科	锈病	水杉白线虫、水杉大袋蛾	病害：喷洒波美 3~4 度石硫合剂，或 25% 粉锈宁 1500~2000 倍液，或 65% 代森锌可湿性粉剂 500~600 倍液，或 75% 氧化萎锈灵 3000 倍液；白线虫：可用 80% 二溴氯丙烷乳剂，每亩用量 6 斤，每斤兑水 15~25kg 沟施，于播种或移植苗木前半月进行土壤消毒熏蒸。施药深度需入地表以下 20cm；大袋蛾可人工捕捉幼虫烧毁；用 90% 的敌百虫 800~1000 倍液或杀螟松 1000 倍液喷杀幼虫
62	马尾松	Pinus massoniana	松科	斑点病、松瘤病	松毛虫	病害：可湿性粉剂 1000 倍或 50% 多菌灵 1000 倍液、大生 1000 倍液喷雾。 虫害：拟除虫菊酯；生物防治（白僵菌、Bt、仿生农药灭幼脲）
63	水松	Glyptostrobus pensilis	柏科	根腐病、立枯病	蛴螬、地老虎	每隔 7~10d 喷施一次波尔多液，遇到连日阴雨后可洒干草木灰；害虫可撒石灰进行土壤消毒，施呋喃丹消灭地下害虫
64	王棕	Roystonea regia	棕榈科	褐斑病、霜霉病	较少	病害：多菌灵或托布津 100 倍液
65	丝葵	Washingtonia filifera	棕榈科	叶枯病、炭疽病	金龟子	病害：用多菌灵、百菌清、代森锌、甲基托布津等广谱性杀菌剂。 虫害：500~1000 倍敌敌畏及拟除虫菊酯类杀虫剂
66	蒲葵	Livistonachinensis	棕榈科	叶枯病、炭疽病、褐斑病、叶斑病	绿刺蛾、灯蛾	炭疽病：75% 百菌清 1000 倍液，或 50% 退菌特 800 倍液或 20% 三环唑 600 倍液喷雾；或 50% 克菌丹可湿性粉剂 300~500 倍液，或用 70% 代森锰锌可湿性粉剂 400~650 倍液，或 80% 可湿性粉剂 600 倍液；或 30% 氧氯化铜胶悬剂 600 倍液。 害虫：幼虫低龄期及时喷施下列药剂：8000IU/mg 苏云金杆菌可溶性粉剂 1000 倍液；25% 灭幼脲悬浮剂 2000 倍液；2.5% 氯氰菊酯乳油 3000 倍液；20% 氰戊菊酯乳油 3000 倍液；10% 联苯菊酯乳油 4000~5000 液

续上表

序号	名称	拉丁文名	科　名	病　害	虫　害	防治方法
67	短穗鱼尾葵	Caryota mitis	棕榈科	灰斑病、叶枯病	蚧壳虫	病害：50% 克菌丹可湿性粉剂 300~500 倍液，或用 70% 代森锰锌可湿性粉剂 400~650 倍液，或 80% 可湿性粉剂 600 倍液；或 30% 氧氯化铜胶悬剂 600 倍液。 害虫：应喷 800 倍氧化乐果等防治
灌　木						
1	朱蕉	Cordyline fruticosa	龙舌兰科	叶斑病	—	病害：使用咪鲜胺、嘧菌酯、苯醚甲环唑等药剂
2	栀子花	Gardenia jasminoides	茜草科	—	卷叶螟蛾	虫害：食叶害虫使用甲维盐、高效氯氰菊酯等药剂
3	圆柏	Juniperus chinensis	柏科	—	叶螨	虫害：螨类使用阿维菌素、螺螨酯等药剂
4	油茶	Camellia oleifera	山茶科	叶斑病	—	病害：使用咪鲜胺、嘧菌酯、苯醚甲环唑等药剂
5	苏铁	Cycas revoluta	苏铁科	叶斑病	曲纹紫灰蝶、盾蚧	病害：使用咪鲜胺、嘧菌酯、苯醚甲环唑等药剂
6	丝葵	Washingtonia filifera	棕榈科	—	椰子织蛾	虫害：食叶害虫使用甲维盐、高效氯氰菊酯等药剂
7	南天竹	Nandina domestica	小檗科	灰霉病	—	病害：使用咪鲜胺、嘧菌酯、苯醚甲环唑等药剂
8	木槿	Hibiscus syriacus	锦葵科	—	叶蝉、粉蚧	虫害：刺吸害虫使用吡虫啉、啶虫脒等药剂；蚧虫类使用噻虫嗪、毒死蜱等药剂
9	木芙蓉	Hibiscus mutabilis	锦葵科	—	盾蚧	虫害：蚧虫类使用噻虫嗪、毒死蜱等药剂
10	美花红千层	Callistemon citrinus	桃金娘科	—	螟蛾	虫害：食叶害虫使用甲维盐、高效氯氰菊酯等药剂
11	毛杜鹃	Rhododendron × pulchrum	杜鹃花科	褐斑病	叶蜂、网蝽、蓟马	病害：使用咪鲜胺、嘧菌酯、苯醚甲环唑等药剂

续上表

序号	名称	拉丁文名	科名	病害	虫害	防治方法
12	龙船花	Ixora chinensis	茜草科	赤枯病	袋蛾	病害：使用咪鲜胺、嘧菌酯、苯醚甲环唑等药剂
13	九里香	Murraya exotica	芸香科	白粉病	柑橘木虱	病害：使用戊唑醇、丙环唑等药剂。 虫害：刺吸害虫使用吡虫啉、啶虫脒等药剂
14	夹竹桃	Nerium oleander	夹竹桃科	—	天蛾、蚜	虫害：食叶害虫使用甲维盐、高效氯氰菊酯等药剂；刺吸害虫使用吡虫啉、啶虫脒等药剂
15	黄金榕	Ficus microcarpa 'Golden Leaves'	桑科	炭疽病	榕透翅毒蛾、舞蛾	病害：使用咪鲜胺、嘧菌酯、苯醚甲环唑等药剂。 虫害：食叶害虫使用甲维盐、高效氯氰菊酯等药剂
16	红继木	Loropetalum chinense	金缕梅科	—	棉古毒蛾	虫害：食叶害虫使用甲维盐、高效氯氰菊酯等药剂
17	海桐	Pittosporum tobira	海桐花科	叶斑病	叶蝉	病害：使用咪鲜胺、嘧菌酯、苯醚甲环唑等药剂。 虫害：刺吸害虫使用吡虫啉、啶虫脒等药剂
18	狗牙花	Tabernaemontana divaricata	夹竹桃科	锈病	—	病害：使用戊唑醇、丙环唑等药剂
19	灰莉	Fagraea ceilanica	马钱科		蓟马	虫害：刺吸害虫使用吡虫啉、啶虫脒等药剂
20	大红花	Hibiscus rosa-sinensis	锦葵科	病毒病	棉叶蝉、烟粉虱、棉褐环野螟	病害：修剪受害枝叶，使用盐酸吗啉胍，辛菌胺等药剂
21	垂榕柱	Ficus benjamina	桑科	—	榕管蓟马	虫害：刺吸害虫使用吡虫啉、啶虫脒等药剂
22	含笑球	Michelia figo	木兰科	—	盾蚧	虫害：蚧虫类使用噻虫嗪、毒死蜱等药剂
23	双荚槐	Casinbicapsularis	豆科	—	黑刺粉虱	虫害：刺吸害虫使用吡虫啉、啶虫脒等药剂
24	旅人蕉	Ravenala madagascariensis	芭蕉科	叶斑病	介壳虫	叶斑病发病时用 50% 多菌灵可湿性粉剂 600 倍喷洒液。 介壳虫发生时用 25% 噻嗪酮乳油 1000 倍液喷杀

续上表

序号	名称	拉丁文名	科名	病害	虫害	防治方法
25	红果仔	Eugenia uniflora	桃金娘科	炭疽病、烟煤病	蚜虫、介壳虫	炭疽病：75% 百菌清 1000 倍液，或 50% 退菌特 800 倍液或 20% 三环唑 600 倍液喷雾。交替使用，连续喷施 2~3 次，每周 1 次。 烟煤病：速扑杀 800~1000 倍液喷洒，或 50% 多菌灵可湿性粉剂 500~800 倍液或 70% 甲基托布津 500 倍液等。 蚜虫：10% 吡虫啉 2000~2500 倍液防治。 介壳虫：40% 速扑杀乳油 800~1000 倍液喷洒全株
26	彩霞变叶木	Codiaeum Variegatum	大戟科	黑霉病、炭疽病	蚜虫	发病后可用多菌灵或波尔多液进行杀菌。 蚜虫：可用 40% 乐果乳剂 1600 倍液喷杀
27	双荚决明	Senna bicapsularis	豆科	灰斑病、轮纹病	蚜虫	灰斑病、轮纹病：40% 灭菌丹或多菌灵 600 倍液喷治。 蚜虫：40% 乐果乳剂 1600 倍液喷杀
28	山茶	Camellia japonica	山茶科	炭疽病	锈壁虱、蚧壳虫	病害可用波尔多液杀菌；虫害可用百菌清、三氯杀螨醇灭杀
29	鸳鸯茉莉	Brunfelsia latifolia	茄科	叶斑病、白粉病	粉虱、介壳虫、红蜘蛛	病害防治：65% 的代森锌、50% 的多菌灵、75% 的百菌清、70% 甲基托布津 500~800 倍液喷施。 虫害防治：40% 氧化乐果乳油、蓟蚜净 1000 倍液等喷施
30	米仔兰	Aglaia odorata	楝科	茎腐病、炭疽病、烟煤病	蚧壳虫、蚜虫、红蜘蛛、卷叶蛾	病害防治：茎腐病发病初期可用 0.5%~1% 波尔多液涂抹枝干；也可用 1~2 度石硫合剂或 70% 托布律 800 倍水溶液涂抹。 炭疽病：70% 托存津 0.1%~0.125% 浓度溶液，起苗前喷施 1 次吸性杀菌剂，如乙膦铝不伤根。 烟煤病：喷浇 0.2% 浓度多菌灵液。 虫害：呋喃丹、烟灰、石灰水等

续上表

序号	名称	拉丁文名	科名	病害	虫害	防治方法
31	马缨丹	Lantana camara	马鞭草科	灰霉病	叶枯线虫	灰霉病病害发生初期，可喷 1 ： 1 ： 200 波尔多液，可 50% 速克灵可湿性粉剂 2000 倍液，或 50% 扑海因可湿性粉剂 1500 倍液，每两周 1 次，喷药次数因发病情况而定。线虫可用 15% 涕灭威颗粒剂，每平方米盆土 5~6g；或使用 3% 的呋喃丹，每盆 3~5g 深入土中。也可在危害期用 50% 杀螟松乳剂、50% 杀线酯和 50% 西维因可湿性粉 1000 倍液叶面喷洒
32	黄脉爵床	Sanchezia nobilis	爵床科	较少	红蜘蛛、介壳虫	风油精稀释 600~800 倍，或中性洗衣粉兑水 150 倍，或氧化乐果 800~1000 倍等进行喷杀
33	龙血树	Dracaena draco	龙舌兰科	叶斑病、尖枯病	蚜虫、蚧壳虫	叶斑病：发病初期，喷施 70% 炭疽福美 500 倍液或 50% 多菌灵 800 倍液。每 10 天 1 次，连喷两次。 尖枯病：必要时喷洒 78% 科博（代森锰锌 + 波尔多液）可湿性粉剂 400 倍液或 56% 靠山分散粒剂。800~1000 倍液、50% 甲基硫菌灵硫黄悬浮剂 800 倍液。 害虫：可用 20% 的三氯螨醇乳剂，加入 800~1000 倍的水，制成溶液喷洒；蚧壳虫用速扑杀 800~1000 倍液喷杀
34	露兜树	Pandanus tectorius	露兜树科	叶斑病	蚧壳虫	病害：发病初期用 65% 的代森锌可湿性粉剂 600 倍液，或 70% 的甲基托布津可湿性粉剂 1000 倍液，或 50% 的多菌灵可湿性粉剂 600 倍液交替喷洒茎叶，每隔 7~10d 1 次，连续 2~3 次。 虫害：在若虫孵化盛期用 40% 的氧化乐果乳油 1000 倍液或 40% 的速扑杀乳油 1500 倍液喷杀若虫
35	散尾葵	Chrysalidocarpus lutescens	棕榈科	叶枯病	柑橘并盾蚧	病害：70% 甲基托布津 800 液或 75% 百菌清 1000 倍液喷洒，间隔 7~10d 喷施一次，连续喷 3~4 次。 虫害：喷施 50% 亚胺硫磷乳油 800 倍液

续上表

序号	名称	拉丁文名	科名	病害	虫害	防治方法
36	棕竹	Rhapis excelsa	棕榈科	芽腐病、炭疽病、叶斑病	较少	病害：50%的多菌灵可湿性粉剂加75%的百菌清可湿性粉剂800倍液，或80%的代森锰锌可湿性粉剂500倍液，或1∶1∶100的波尔多液
地被						
1	三角梅	Bougainvillea	紫茉莉科	炭疽病	蚜、粉蚧	病害：使用咪鲜胺、嘧菌酯、苯醚甲环唑等药剂。 虫害：刺吸害虫使用吡虫啉、啶虫脒等药剂；蚧虫类使用噻虫嗪、毒死蜱等药剂
2	红继木	Loropetalum chinense	金缕梅科	—	棉古毒蛾	虫害：食叶害虫使用甲维盐、高效氯氰菊酯等药剂
3	花叶良姜	Alpinia vittata	姜科	炭疽病	袋蛾	病害：使用咪鲜胺、嘧菌酯、苯醚甲环唑等药剂。 虫害：食叶害虫使用甲维盐、高效氯氰菊酯等药剂
4	毛杜鹃	Rhododendron × pulchrum	杜鹃花科	褐斑病	叶蜂、网蝽、蓟马	病害：使用咪鲜胺、嘧菌酯、苯醚甲环唑等药剂。 虫害：食叶害虫使用甲维盐、高效氯氰菊酯等药剂；刺吸害虫使用吡虫啉、啶虫脒等药剂
5	茉莉	Jasminum sambac	木犀科	—	螟蛾	虫害：食叶害虫使用甲维盐、高效氯氰菊酯等药剂
6	爬山虎	Parthenocissus tricuspidata	葡萄科	褐斑病	—	病害：使用咪鲜胺、嘧菌酯、苯醚甲环唑等药剂
7	蒲葵	Livistonachinensis	棕榈科	—	椰子织蛾	虫害：食叶害虫使用甲维盐、高效氯氰菊酯等药剂
8	水鬼蕉	Hymenocallis littoralis	石蒜科	褐斑病	—	病害：使用咪鲜胺、嘧菌酯、苯醚甲环唑等药剂
9	鸢尾	Iris tectorum	鸢尾科	白绢病	—	病害：使用咪鲜胺、嘧菌酯、苯醚甲环唑等药剂

续上表

序号	名称	拉丁文名	科名	病害	虫害	防治方法
10	长春花	Catharanthus roseus	夹竹桃科	疫病	—	病害：清理受害严重的植株，使用甲霜灵、恶霉灵等药剂
11	花叶鹅掌柴	Schefflera actinopylla'Variegata'	五加科	炭疽病	—	病害：使用咪鲜胺、嘧菌酯、苯醚甲环唑等药剂
12	金叶假连翘	Duranta erecta 'Golden Leaves'	马鞭草科	—	蚜	虫害：刺吸害虫使用吡虫啉、啶虫脒等药剂
13	红背桂	Excoecaria cochinchinensis	大戟科	—	粉蚧	虫害：蚧虫类使用噻虫嗪、毒死蜱等药剂
14	白蝴蝶	Syngonium podophyllum	天南星科	炭疽病	—	病害：使用咪鲜胺、嘧菌酯、苯醚甲环唑等药剂
15	美人蕉	Canna indica	美人蕉科	锈病、瘟病	斜纹夜蛾	病害：使用戊唑醇、丙环唑、咪鲜胺、嘧菌酯等药剂
16	睡莲	Nymphaea tetragona	睡莲科	炭疽病、叶斑病	蓟马	病害：使用丙环唑等药剂。 虫害：使用乙基多杀菌素等药剂
17	常春藤	Hedera nepalensis sinensis	五加科	炭疽病、叶斑病	卷叶螟、蚧壳虫、红蜘蛛	病害可喷洒波尔多液、多菌灵防治；害虫喷洒敌百虫灭杀
18	花叶络石	Trachelospermum jasminoides 'Flame'	夹竹桃科	叶斑病、炭疽病	蛾类幼虫、线虫、蚜虫、红蜘蛛	可以用 70%的代森锰锌可湿性粉剂的 800~1000 倍液或者用 50% 的甲基托布津的 600~800 倍液进行防治。害虫喷洒 5%高效氯氰菊酯乳油 1000~2000 倍液或者 1%阿维菌素乳油 2000 倍液；40%的克线磷乳油的 2000 倍液对土壤进行消毒，杀死线虫；蚜虫用 48%乐斯本乳油 2000~3000 倍液或吡虫啉 25 可湿性粉剂 1500 倍液，红蜘蛛可用 15 哒螨灵 1000~1500 倍液喷洒防治
19	蒜香藤	Mansoa alliacea	紫葳科	烂根	较少	注意控制水分，尤其是阴雨天

续上表

序号	名称	拉丁文名	科名	病害	虫害	防治方法
20	龙吐珠	Clerodendrum thomsoniae	马鞭草科	叶斑病、花叶病	蚧壳虫	病害可用百菌清 800 倍液叶面喷洒，或甲基托布津、多菌灵，每周 1 次，2~3 次即可。 虫害可用扑虱灵活速扑杀乳油进行喷洒，每周 1 次，2~3 次即可
21	茉莉花	Jasminum sambac	木犀科	煤污病、白绢病、叶斑病	蚜虫、白粉虱、红蜘蛛、蚧壳虫	病害可用杀菌剂包括噻呋酰胺、百菌清或代森锰锌，氟硅唑、吡唑醚菌酯和咪鲜胺等喷洒杀菌；白粉虱可用黄色黏虫板诱杀，可用吡虫啉进行防治，蓟马可用噻虫嗪、呋虫胺或吡虫啉，每隔 7~10d 喷洒 1 次，连续喷洒 2~3 次；用打螨灵、乙螨唑、阿维螺虫脂等，可以使用其中的一两种交替喷洒；红蜘蛛蚧壳虫用打螨灵、乙螨唑、阿维螺虫脂等，可以使用其中的两种交替喷洒
22	丝兰	Yucca smalliana	龙舌兰科	白绢病	蚜虫、红蜘蛛	发现有白绢病的症状要马上进行销毁，使用 63% 的代森锌喷洒防治；蚜虫可用 25% 的乐果乳剂 800~1000 倍液喷杀，红蜘蛛可喷洒 25% 的沙虫脒水胶防治
23	七彩马尾铁	Dracaene marginata	百合科	叶斑病、炭疽病	较少	病害可用多灵菌、甲基托布津、代森锌等可湿性粉剂进行防治，叶斑病用 50% 多灵菌 1000 倍液喷洒进行防治。害虫可用 50% 氧化乐果乳油 1000 倍液喷杀
24	马利筋	Asclepias curassavica	萝藦科	根腐病	蚜虫	病害用 50% 的多菌灵 500~600 倍液根部浇灌 1~2 次，每次间隔 7~10d；害虫可用 25% 的乐果乳剂 800~1000 倍液喷杀，忌用有机磷类和高残留类农药
25	海芋	Alocasia macrorrhiza	天南星科	软腐病、灰霉病	蚧壳虫	发病初期可用链霉素 1000 倍液涂抹植株感病部位，或可选用 50% 农利灵可湿性粉剂 1500 倍液、50% 扑海因可湿性粉剂 1500 倍液等进行喷洒；害虫大面积发生时用 40% 氧化乐果乳油剂 1000 倍液喷杀

续上表

序号	名称	拉丁文名	科名	病害	虫害	防治方法
26	春羽	Philodenron selloum	天南星科	叶斑病、炭疽病	红蜘蛛、蚧壳虫	病害可用多灵菌、甲基托布津、代森锌等可湿性粉剂进行防治，叶斑病用 50% 多灵菌 1000 倍液喷洒进行防治。害虫可用 50% 氧化乐果乳油 1000 倍液喷杀
27	芙蓉菊	Crossostephium chinense	管状花亚科	烂根	天牛、蚜虫、红蜘蛛	夏季降温排湿、改善栽培环境预防烂根；虫害可用三氟氯氰菊酯、抗蚜威可湿性粉剂、苯丁哒螨灵进行防治
28	蔓花生	Arachis duranensis	豆科	较少	较少	—
29	蟛蜞菊	Sphagneticola calendulacea	管状花亚科	白粉病、叶斑病	红蜘蛛、蚜虫、地老虎	病害预防为主，使用打草机或进行人工定期修剪，消除烂枝，可多菌灵、50% 可湿性粉剂 1000~1500 倍液，7~10d 喷药 1 次，连喷 2~5 次；虫害可使用 200 倍的氧化乐果或 40% 的乙酞甲胺磷乳剂防治
30	美女樱	Verbena hybrida	马鞭草科	白粉病、灰霉病	蓟马	病害可喷洒稀释的甲基硫菌灵药剂或多霉灵药剂；摘除虫害部位，喷洒氧化乐果
31	吉祥草	Reineckia carnea	百合科	炭疽病	蛴螬	病害：剪掉病叶，可用 25% 炭特灵粉剂 500 倍药液喷洒，每隔 10d 左右进行一次，3~4 次。 害虫：种植前结合翻土，将辛硫磷乳油稀释后喷洒土壤，再将药土翻入土中；在植株生长期时，用辛硫磷颗粒剂或甲基异硫磷颗粒剂混合细土，均匀地撒在土壤上
32	麦冬	Ophiopogon japonicus	百合科	黑斑病	根结线虫、蛴螬、蝼蛄、金针虫、地老虎	选择无病种苗，剪净病苗，或栽前用 1∶1∶80 倍波尔多液，或用 65% 代森锌可湿性粉剂 500 倍液浸种苗 5min；大田发病期可割去病叶，喷 1∶1∶100 倍波尔多液，每隔 10~14d 一次，连续 3~4 次；害虫防治：种植前结合翻土，将辛硫磷乳油稀释后喷洒土壤，再将药土翻入土中；在植株生长期时，用辛硫磷颗粒剂或甲基异硫磷颗粒剂混合细土，均匀地撒在土壤上

续上表

序号	名称	拉丁文名	科名	病害	虫害	防治方法
33	佛甲草	Sedum lineare	景天科	根腐病、叶子枯黄	蚜虫、蜗牛	干旱需要及时补水，种植地积水过多要及时排水，出现病害可以使用磷酸二氢钾，快速地补充养分；人工除虫，或选择聚醛甲萘威进行喷洒
34	肾蕨	Nephrolepis auriculata	肾蕨科	叶枯病	红蜘蛛、蚜虫	病害可用代森锰锌喷洒；害虫可用螨虫清、蚜满杀等喷洒植株
35	香蒲	Typha orientalis	香蒲科	黑斑病、褐斑病	蚜虫	清除残叶，减少病源。发病时，对黑斑病，可喷施75%的百菌清600~800倍液防治；褐斑病发病严重的可喷施50%的多菌灵500倍液或用80%的代森锌500~800倍液进行防治。蚜虫可用40%乐果乳油1000倍液喷雾1次，安全间隔期7d
36	细叶芒	Miscanthus sinensis 'Gracillimus'	禾本科	根腐病	较少	及时清除病株，注意控制水分
竹类						
1	黄金间碧竹	Bambusa vulgaris Schrader'Vittata'	禾本科	锈病	—	病害：使用戊唑醇、丙环唑等药剂
2	佛肚竹	Bambusa ventricosa	禾本科	锈病、黑痣病	介壳虫、竹蝗	50%萎锈灵可湿性粉剂2000倍液喷洒叶片和病秆，黑痣病用50%甲基托布津可湿性粉剂500倍液喷洒患病处；90%敌百虫原药1500倍液进行喷杀
3	观音竹	Bambusa multiplex riviereorum	禾本科	褐斑病	介壳虫	及时拔除病株；喷洒等量式的1%波尔多液，每隔5~7d喷洒1次，连续喷洒4~5次，或喷洒0.3度石硫合剂；释放天敌如澳洲瓢虫、大红瓢虫软蚧蚜小蜂、红点唇瓢虫，还可用40%氧化乐果1000倍液，或50%马拉硫磷1500倍液喷雾
4	粉单竹	Bambusa chungii	禾本科	笋腐病、竹黑粉病、竹丛枝病	竹象鼻虫、黄脊竹蝗、竹织叶野螟、	新造竹林，及时砍除病竹，竹枝上喷洒波尔多液等；竹笋套罩、人工捕杀、黑光灯诱杀、释放天敌赤眼蜂，危害初期及时喷洒40%乐斯。本乳油0.067%药液，或50%杀螟松乳油0.067%药液，或1%灭虫灵0.05%~0.03%药液

附录5
工 程 案 例

生态选线与自然营造

前期选线顺势而为、减少破坏、强化保护，减少对山体和水域环境的破坏；同时沿线设施规划选址应善于借景，将优美、独特的自然和人文景观巧妙纳入公路使用者视野范围，增加公路景观层次感、丰富度，让高速公路与自然环境相得益彰。

结合国土空间规划，避让环境敏感区域。结合生态保护红线尽量绕开和避让自然保护区、森林公园、饮用水源保护区等环境敏感区，将不利影响和破坏降至最低。

中央分隔带

选择枝叶浓密、低矮缓生、抗逆性强、耐旱、耐修剪的植物，以常绿小乔木、灌木树种为主，适当增加观赏花灌木绿化带，避免设计品种的单一性。

路侧

列植乔灌木，生态自然为主，草花、开花灌木点缀增添亮色。

边坡

注重生态自然修复，融入周边环境。土质边坡撒播草本，各级边坡平台可点缀开花灌木；有条件的边坡穴植配滴灌系统。

互通立交区

怀吉北互通

互通立交区注重微地形设计，结合立交区的排水系统进行设计，因地制宜在低洼处设置下沉式海绵绿地，植物组团布置注重行车体验，打造观赏性高的互通绿化景观。

互通立交区

互通立交区推荐使用“疏林草地 + 微地形”模式，重点互通可增加色块设计与景观雕塑等，打造特色亮点。

隧道

隧道前绿地以常绿乔木与草皮为主，洞口结合当地文化进行装饰，放置景石作为铭牌，利用竹子等遮蔽性较好的植物遮挡设备用房。

沿线设施　服务区

服务区按照功能分区和视觉要求进行绿化。出入口视觉焦点位置以景石植物组团形式打造迎宾景观，增加引导性；停车位注重遮阴效果；中庭融入当地文化，如岭南风情、海洋文化；洗手间室内增加绿化摆盆，全方位打造生态绿色服务区。

沿线设施　管理中心

结合具体地形地貌、周边环境，以园林手法为主进行绿化景观设计，因地制宜，保留原有地形及植被，在此基础上进行绿化设计。

沿线设施　管理中心

绿化设计融入路桥精神文化和所在地域特色，通过园区整体布局、雕塑、建筑装饰、植物组团等突出主题，融入周边原生环境，营造自然与人文有机结合的管理中心绿化景观。

沿线设施 管理中心

景观设计以增添居住使用舒适度为目的，增加开花树种，丰富景观色彩搭配，同时融入路桥精神文化，以刻字景石、建筑装饰、植物组团展现交通行业敢为人先、奋进勃发的形象。

参考文献

[1] 李梦.木兰科几种常用绿化树种光合特性及固碳能力研究[D].杭州:浙江农林大学,2014.

[2] 郜晴,马锦义,邵海燕,等.不同生活型园林植物固碳能力统计分析[J].江苏林业科技,2020,47(02):44-47.

[3] 王立,王海洋,常欣.常见园林树种固碳释氧能力浅析[J].南方农业,2012,6(05):54-56.

[4] 林欣,林晨菲,刘素青,等.18种常见灌木绿化树种光合特性及固碳释氧能力分析[J].热带农业科学,2014,34(12):30-34.

[5] 栗学铭,王亮,刘存福,等.公路绿化植物光合特性及固碳释氧能力特性研究[J].公路交通科技(应用技术版),2019,15(11):315-317.

[6] 刘益曦,胡春,刘培蕾,等.城市常见植被固碳与VOC排放的相关性及其应用潜力[J].中南林业科技大学学报,2015,35(04):97-104+113.

[7] 刘敏敏,黄满红,杨振乾.对南方公路常绿植物固碳释氧和降温增湿的研究[J].上海师范大学学报(自然科学版),2014,43(02):204-209.

[8] 陕西省交通运输厅.高速公路绿化设计规范:DB61/T 1056—2016[S].西安:[出版者不详],2016.

[9] 贵州省交通运输厅.贵州省高速公路绿化景观设计及施工指南:JT/T52/04—2021[S].贵阳:[出版者不详],2020.

[10] 深圳市标准化技术委员会.深圳市边坡生态防护技术指南:SZDB/Z 31—2010[S].深圳:[出版者不详],2010.

[11] 深圳市城市管理和综合执法局.园林绿化管养规范:DB4403/T 87—2020[S].深圳:[出版者不详],2020.